Paul Herder

Wandertips
in und um
Düsseldorf

Im Angertal

Über den Autor

Paul Herder (1900–1992), in Solingen geboren, war seit frühester Jugend begeisterter Wanderer: ab 1920 Mitglied des Bergischen Geschichtsvereins und ab 1923, nach Übersiedlung nach Düsseldorf, des Düsseldorfer Geschichtsvereins; 1937–1939 und 1946–1980 Mitarbeiter der Volkshochschule für das Thema Heimatwanderungen. Veröffentlichungen zahlreicher Wanderbücher und Autowanderbücher. Über 50 Jahre Mitglied des Sauerländischen Gebirgsvereins und über 25 Jahre Mitglied des Eifel-Vereins.

Paul Herder

Wandertips in und um Düsseldorf

Überarbeitet von Gunther Holzhausen
und Mitgliedern des
Düsseldorfer Wanderbundes von 1881

Mit Karten und Zeichnungen
von
Klaus Rosing

Droste Verlag

Die Deutsche Bibliothek – CIP-Einheitsaufnahme

Herder, Paul:
Wandertips in und um Düsseldorf / Paul Herder. Überarb. von
Gunther Holzhausen und Mitgliedern des Düsseldorfer
Wanderbundes von 1881. Mit Kt. und Zeichn. von Klaus
Rosing. – 2., aktualisierte Aufl. – Düsseldorf: Droste, 1992
(RP-Wandertip)
ISBN 3-7700-0990-8
NE: Rosing, Klaus [Ill.]; Holzhausen, Gunther [Bearb.]

© 1992 Droste Verlag GmbH, Düsseldorf
Gesamtherstellung: Ebner Ulm
ISBN 3-7700-0990-8

Inhalt

1. WER KENNT DEN PILLEBACH?
Gerresheim/Rathaus – Ludenberg/Blankertzstraße
Seite 11

2. ÜBER DIE GERRESHEIMER HÖHEN
Gerresheim/Bahnhof – Gerresheim/Rathaus
Seite 14

3. WILDPARK UND RENNBAHN
Gerresheim/Krankenhaus – Rath
Seite 16

4. ROTTHÄUSER GRABEN
Hubbelrath – Gerresheim/Rathaus
Seite 19

5. UNTERBACH ALS ZIEL
Gerresheim/Morper Straße – Unterbach
Seite 22

6. SCHLOSS UND FORST ELLER
Eller/Vennhauser Allee – Unterbach
Seite 25

7. ABSTECHER ZUM SCHLOSS
Benrath – Schloß Garath – Garath
Seite 28

8. URDENBACHS ALTE HÄUSER
Schloß Benrath – Altrhein – Garath
Seite 31

9. DURCH DIE RHEINAUEN
Haus Bürgel (Baumberg) – Garath
Seite 34

10. EIN SOMMERTAG IN ZONS
Haus Bürgel (Baumberg) – Zons – Fährhaus Pitt Jupp – Benrath
Seite 37

Der Verfasser dieser Wanderungen ging bei seinen Beschreibungen jeweils vom Flußlauf aus.

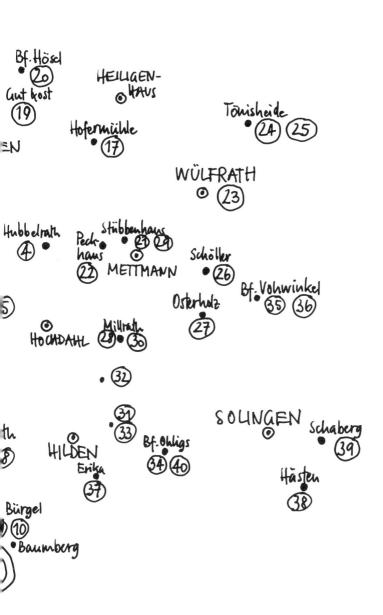

11. AM UFER DER ERFT
Wevelinghoven – Grevenbroich   Seite 40

12. FEINE SICHT AUF DEN STROM
Büderich – Langst – Kaiserswerth – Lohausen   Seite 43

13. ALTE BÄUME UND HÄUSER
Römersee – Burg Linn – Römersee   Seite 46

14. SCHÖNER NIEDERRHEIN
Duisburg-Kesselsberg – Bockum – Düsseldorf
(WittlaerKaiserwerth)   Seite 49

15. IN DER ÜBERANGER MARK
Kalkum/Bahnhof – Angermund/Bahnhof   Seite 52

16. WÄLDER UND WASSER
Angermund/Bahnhof – Wedau – Duisburg-Grunewald   Seite 55

17. INS STILLE ANGERTAL
Hofermühle (Heiligenhaus) – Ratingen   Seite 59

18. STEINCHEN AUF DER KUPPE
Ratingen – Hösel/Bahnhof   Seite 62

19. NACH SCHLOSS LINNEP
Gut Kost (Ratingen) – Schloß Linnep – Breitscheid   Seite 65

20. MÜHLE UND WALDPFAD
Hösel/Bahnhof – Kettwig v. d. Br. – Isenbügel –
Schloß Oefte – Kettwig/Bahnhof Stausee   Seite 68

21. WEIT DEHNT SICH DAS LAND
Stübbenhaus (Mettmann) – Homberg (Ratingen)   Seite 72

22. IM TAL DES STINDERBACHS
Peckhaus (Mettmann) – Erkrath
Seite 76

23. IM TAL DER TEICHE
Wülfrath – Mettmanner Bach – Mettmann
Seite 80

24. SCHLOSS UND WALLFAHRTSKIRCHEN
Tönisheide/Mitte – Schloß Hardenberg – Neviges –
Tönisheide
Seite 83

25. WEG ZUR DÜSSELQUELLE
Tönisheide – Schlupkothen/Koxhof (Wülfrath)
Seite 86

26. AUF NACH SCHÖLLER
Rund um Dorf Schöller (Wuppertal)
Seite 89

27. HERBSTLICHE WÄLDER
Osterholz (Wuppertal) – Schöller – Gruiten (Haan)
Seite 91

28. NUR DER VOGEL SANG
Millrath (Erkrath) – Düsseltal – Gruiten
Seite 93

29. DURCH FELDER UND WÄLDER
Stübbenhaus (Mettmann) – Neandertal
Seite 95

30. NIEDERBERGISCHE TÄLER
Millrath (Erkrath) – Neandertal
Seite 98

31. WO KNORRIGE EICHEN STEHEN
Haltestelle „Am Heidekrug" – Hildener Heide – Haltestelle
„Waldschenke"
Seite 100

32. IM HILDENER STADTWALD
Sandheide (Erkrath) – Hildener Stadtwald – Sandheide
Seite 103

33. JABERG UND ITTERTAL
Hilden „Waldschenke" – Ittertal – Heidberger Mühle – Schloß Caspersbroich – Ohligs
Seite 106

34. EIN SCHLOSS IM ITTERTAL
Ohligs/Bahnhof „Vogelpark" – Schloß Caspersbroich – Heidberger Mühle – Haan/Mitte
Seite 109

35. BEISPIEL „FAUNA" UND KLOSTER
Wuppertal-Vohwinkel/Bahnhof – Tierpark Fauna – Gräfrath – Heidberger Mühle (Haan)
Seite 112

36. WUPPERBERGE, WUPPERWALD
Wuppertal-Vohwinkel/Bahnhof – Wuppertal Zoo
Seite 116

37. BEI SONNENSCHEIN LIBELLEN
Hilden/Erikasiedlung – Hilden Haltestelle „Am Heidekrug"
Seite 120

38. ZU BURG UND TALSPERRE
Hästen (Solingen) – Burg a. d. Wupper
Seite 123

39. ZUR SENGBACH-TALSPERRE
Solingen/Bahnhof Schaberg – Burg a. d. Wupper
Seite 126

40. GEPFLEGTES FACHWERK
Ohligs/Bahnhof – Aufderhöhe (Solingen) – Friedrichstal – Untenrüden – Vockert (Solingen)
Seite 129

1. Wer kennt den Pillebach?

Im alten Bett kein Wasser mehr

Der Pillebach ist der Bach für Gerresheim. Er ist während und nach der Eiszeit entstanden, bildet in seinem breiten Oberlauf ein Trockental und führt heute erst ab der Teufelskuhl, nahe Haus Roland, Wasser. Bis dahin wird das Oberflächenwasser von Knittkuhl in einem unterirdischen Kanal geleitet. Nachdem er Gerresheim durchflossen hat, nimmt ihn die Düssel bei Mauresköthen auf. Folgen wir einmal seinem oberen Verlauf und beginnen unsere Wanderung in Gerresheim, Rathaus (Linien 703, 725). Dort queren wir die Straße zum Flachsmarkt und zur altehrwürdigen Basilika St. Margareta. Hier halten wir uns links und folgen der „Gerricus-Straße". Wir kommen an dem alten Bildstock und an den ehemaligen Klostergebäuden vorbei und überschreiten alsdann den Pillebach. Wir erreichen dabei am Waldrand die Gerricus-Kapelle, ursprünglich über einem Quell errichtet. Eine Gedenktafel erinnert an die Opfer des letzten Krieges. Nun nehmen wir den Weg links, der zwischen Wald und Sportplätzen dahinführt. Kurz vor dem einstigen Schießstand biegen wir links in den „Peckhausweg" ein und überschreiten nochmals den Pillebach, von dem wir uns nun nicht mehr trennen. Es geht rechts am Bach entlang, zu beiden Seiten Schrebergärten.

Dieser Weg endet am „Dernbuschweg", den wir nach rechts queren. Auf der anderen Bachseite führt nun unser Weg durch ein Teilgebiet des Düsseldorfer Stadtwaldes. Jenseits des Baches liegen moderne Sportplätze. Der Pillebach dagegen ist fast von Gras verdeckt, und doch erwartet uns ein Idyll. Von einem winzigen Wässerlein gespeist, erleben wir einen schilfumschlossenen Teich, auf dem sich bei unserer

Annäherung reiches Leben zeigt: Eine große Entenschar und Wasserhühner erwarten uns.

Schon nimmt uns der Wald auf und bei Anhebung des Weges halten wir uns links und am Spielplatz vorbei zur „Bergischen Landstraße", die wir bei der Ampel überschreiten. Auf dem „Ratinger Weg", der einst Gerresheim mit Ratingen verband, gehen wir weiter. Doch schon an der Gabelung biegen wir rechts in den „Kleineforstweg" ein. Damit sind wir im Tal des Pillebachs. Der weit ausgebreitete Talgrund zeigt links Äcker und Wiesen, rechts dagegen einen Waldhang. Wir passieren das Gut Kleineforst und wenig später Großeforst. Auf dem vom Pillebach gespeisten Teich mit Entenhaus wieder reges Entenleben.

Wir halten uns rechts und benutzen den Fußweg am Bachbett entlang. Dann kommen wir zu einem mit Algen bedeckten Teich in einer hübschen Waldlandschaft. Diesem Waldtümpel entfließt ein winziges Rinnsal in das Bachbett.

Der Waldweg macht nun einen großen Linksbogen bis zum Beginn des Übungsplatzes. Bei den drei mächtigen Eichen verlassen wir den Talwinkel und gehen scharf rechts bergauf. So gelangen wir zum Ehrenfriedhof der Russen, die dort beerdigt wurden. Weiter kommen wir auf der „Blankertzstraße" zur Bushaltestelle (731, 733, 746), wo wir unsere Wanderung beenden. Rastmöglichkeiten im gegenüberliegenden Moschenhof oder in der Kantine des Altenheimes. (Wanderzeit: 1½ Stunden).

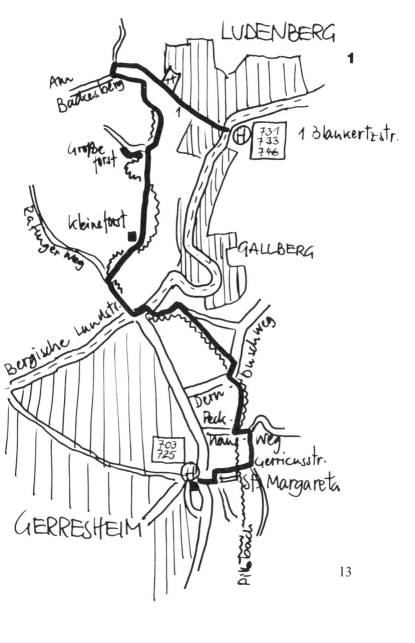

2. Über die Gerresheimer Höhen

Vom Bahnhof zur Stiftskirche St. Margareta

Auf einem neu markierten Weg soll uns diesmal die Wanderung über die Gerresheimer Höhen führen. Ausgezeichnet ist er mit der weißen Raute, der Beginn ist am Bahnhof Gerresheim. Von hier leiten die beiden Wegzeichen 3 und 5 zunächst auf der Straße „Im Brühl" parallel der Bahnstrecke und bei der Brücke geradeaus bis zur „Morper Straße". An der Ecke, bei der mächtigen Eiche, gehen wir rechts und nach 150 Metern, vor der Unterführung, halb links und leicht aufwärts bis zum Naturfreundehaus. Hier trennen wir uns von 5 und gehen links und im Wald bergauf.

Bei einer Bank haben wir die Höhe erreicht und treffen hier auf das weiße Quadrat, den nach Neandertal führenden Wanderweg. Beide Markierungen verlaufen rechts. Nun umgehen wir den weiträumigen Gerresheimer Waldfriedhof. Bei dem Tor weiter geradeaus. Alsdann treffen wir an der Waldecke auf das Zeichen D, womit der Rundweg um Düsseldorf bezeichnet ist. Diese Markierung verläuft nun eine weite Strecke mit unserem Weg gemeinsam. Unterwegs Trennung von Quadrat und weiter links am Friedhof entlang bis zum Parkplatz am „Rotthäuser Weg", am oberen Eingang zum Friedhof.

Nun führen beide Wegzeichen rechts auf der Straße „Rotthäuser Weg" zum Fernmeldeturm. Kurz davor biegen wir links in einen Weg, der zum nahen Waldrand führt. Dort wenden wir uns nach rechts auf den Weg A 8, der dann leicht abwärts in eine Schlucht leitet. Hier gehen wir links hinunter und kommen zur Gerricus-Kapelle mit einer Gedenktafel für die dort bei einem Luftangriff getöteten Bür-

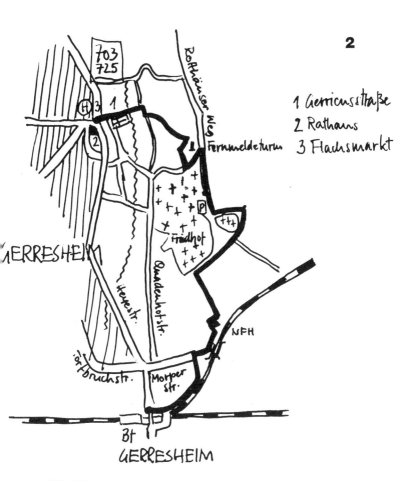

ger. Die Gerricus-Straße führt uns weiter zur alten Stiftskirche, der Basilika St. Margareta in Gerresheim. Von hier Fahrgelegenheit mit den Linien 703 und 725 ab Flachsmarkt. (Wanderzeit: 1½ Stunden).

3. Wildpark und Rennbahn

Gelegenheit zum Spielen und Rasten

Wir fahren mit Bus 746 bis Gerresheim Krankenhaus und überqueren gleich die „Bergische Landstraße" in den „Ratinger Weg". Dieser Fahrweg war einst die Verbindungsstraße zwischen Gerresheim und Ratingen. Es geht an den zum Teil zerstörten Gebäuden der seit dem Kriege verlassenen Ziegelei-Betriebe entlang. Die Zeichen D und weiße Raute führen uns zum Waldrand. Ein Abstecher zum links gelegenen Düsseldorfer Wildpark erfordert etwa eine halbe Stunde Zeit.
Zurück zur Waldecke geht es zunächst durch einen kurzen Hohlweg, wobei wir erneut den Markierungen folgen. Wir kommen zum Rand der Düsseldorfer Rennbahn, die wir nun in ihrem östlichen Teil umwandern. Zur Rechten dehnen sich aufsteigend weite Ackerfluren aus, aus einem Waldstück lugt Haus Roland herüber.
Wenn wir dann die „Kastanienallee" erreichen, Trennung von Raute und mit D2 rechts auf dem Feldweg zum Rand des Aaper Waldes. Von der Waldecke geht es allmählich bergauf, parallel eines Reitweges. Dieser ist insofern interessant, als er die frühere Grenze dieses Staatsforstes bezeichnet. Auf dieser Partie, die uns auch einen Ruheplatz bietet, treffen wir mehrfach auf beachtenswerte Bäume – Eichen und Buchen – sowie deren Stümpfe, und auf reichen Hülsen- d. h. Stechpalmenbestand. Rechts von uns dehnt sich der Übungsplatz aus.
Auf der Höhe erreichen wir einen Spielplatz nebst einer Unterstellhütte, so daß es sich lohnt, dort eine kleine Pause einzulegen. An diesem Punkt verlassen wir D, kreuzen den „Bauenhäuser Weg" und wandern auf dem „Dachsberg-

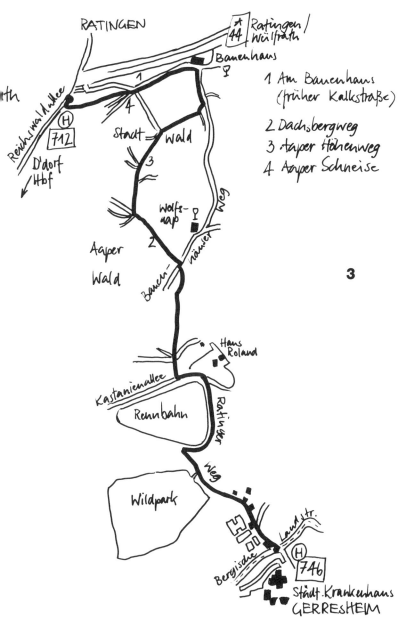

weg" durch schönen Hochwald bis zum „Marxplatz", wo mehrere Wege zusammentreffen. Hier erwartet uns wieder die Raute, mit der wir rechts in den „Aaper Höhenweg" einschwenken. Dieser Weg umgeht mehrere Erosionstälchen. Unterwegs sind wir auch am Ratinger Blick, der jedoch verwachsen ist.

Später senkt sich unser Weg. Wir verlassen den „Aaper Höhenweg" und gehen mit der Raute abwärts, wobei sich nun D wieder zu uns gesellt. Parallel des „Bauenhäuser Weges" kommen wir nun in die Nähe von Bauenhaus. 100 Meter vor der Gaststätte Bauenhaus trennen wir uns von der Raute und verbleiben mit D auf dem Weg neben der Fahrstraße „Am Bauenhaus", der alten Kalkstraße. Am Beginn der Aaper Schneise halten wir uns halbrechts und kommen so auf dem Fußgängerweg zur Haltestelle Hubertushain, wo wir unsere Wanderung beenden. (Wanderzeit: 2 Stunden)

4. Rotthäuser Graben

Reizvolle Ausblicke
auf das dörfliche Hubbelrath

Diesmal wandern wir auf einem alten Weg, und zwar vom östlichen Ortsteil von Hubbelrath nach Gerresheim. Wir fahren mit Bus 746 bis Haltestelle Hubbelrath. In Fahrtrichtung gehen wir bis zum Haus „Am Weinberg". Der Gaststätte gegenüber treffen wir die Wegemarke weiße Raute, die uns nun führen soll. Es geht gleich rechts in einen Fußweg, der uns durch weite Ackerfluren leitet. An der Rechtsbiegung des Weges eine Bank und unter einem Wacholderstrauch ein Kruzifix; von hier schöner Blick auf Hubbelrath. Nun einige Stufen abwärts und durch eine Schranke, dann sind wir bereits auf der Dorfstraße. Wir kommen zur Kirche. Hier nochmals ein beachtenswertes Kruzifix, gegenüber das in Fachwerk errichtete Pfarrhaus.

Wir wandern wieder bergauf, und zwar bis zur Gabelung, wo wir uns links halten. Nun haben wir zur Rechten den Dorffriedhof. Dann ist die „Erkrather Landstraße" erreicht, in die wir links einbiegen und etwa eine Viertelstunde lang benutzen müssen. Dafür haben wir unterwegs eine schöne Sicht auf das in einer Talmulde liegende Dorf. An Haus Scheidt geht es vorbei und geradeaus, desgleichen beim Schild „Bruchhausen", wo zwei gewaltige Linden sehenswert sind. Haben wir die Abzweigung nach Gestüt Mydlinghoven passiert: Achtung! Nach 150 Metern, rechts bei der Schranke, weist unser Wanderzeichen in einen Feldfahrweg, welcher uns hinunter in das Tal des Morper Baches, amtlich Rotthäuser Graben, führt. Damit befinden wir uns in einem Landschaftsschutzgebiet.

Zuerst kommen wir an einem Teich vorbei, dann queren wir

4

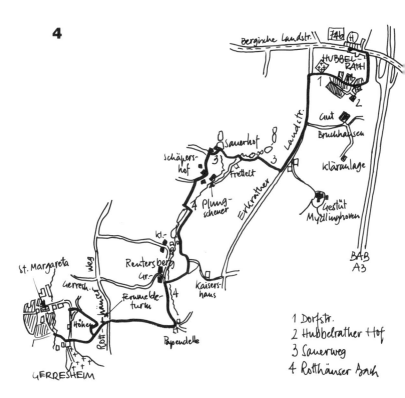

den Talgrund. In dem links gelegenen Schilfgelände befand sich ehemals eine offene Quelle. Nun erreichen wir den Sauerhof, wo sich ein Reitstall befindet. Am oberen Ende des Gutes, bei dem Straßenschild „Sauerweg", schwenken wir links ab und es geht hinunter zum Haus Plungscheuer und anschließend zum Schäpershof; dort steht eine schöne Kopfweide. An der mächtigen Eiche geradeaus. Haben wir das Gut hinter uns, verlassen wir den Fahrweg in der Feldecke, biegen links ab und folgen dem Pfad am Zaun entlang und später dem Randweg zwischen Ackerfluren und Wiesen.

Nun wird der Talgrund von Teichen ausgefüllt, denen wir uns nähern. Beim ersten Teich beschreiten wir den Damm zur linken Talseite. Unser Zeichen weist rechts, und auf breitem Weg zwischen Teichen und Waldrand wandern wir ins Eulenthal. Dort links und sodann im Rechtsbogen geht es im Wald bergauf. Wenn wir dann zu einer kleinen Lichtung mit einer hochgewachsenen Buche mit mehreren Markierungen kommen, verlassen wir die Raute und nehmen, um eine Gefahrenstelle zu umgehen, den Pfad geradeaus, welcher in einen von oben kommenden Weg mündet und auf dem wir abwärts das Tal wieder erreichen. Wir überschreiten auf einer neuen Brücke einen Bach und durchqueren den Wiesengrund. Vor Gut Groß Reutersberg schwenken wir rechts ab und gehen auf dem Fahrweg bergwärts zum Fernmeldeturm. Dort kreuzen wir den „Rotthäuser Weg" und benutzen den Fußpfad durch die Felder zu den Randwäldern. Zum Schluß geht es hinunter nach Gerresheim, wo wir unsere Wanderung beenden.

(Wanderzeit: 2½ Stunden).

5. Unterbach als Ziel

Haus Morp, Gödinghoven und Hochscheidt am Weg

Wir fahren mit Linie 703 bis Gerresheim „Morper Straße". Dort queren wir die „Heye-Straße" und folgen der „Morper Straße" etwa 100 Meter, um dann in die „Quadenhofstraße" einzubiegen. Doch dann geht es rechts in die „Hagener Straße", die wir bis zum Ende begehen. Links an der Schule vorbei erreichen wir beim Naturfreundehaus den Wald. Nun halten wir uns nahe dem Waldrand, später parallel der Bahnstrecke. Bei der Feldecke verbleiben wir geradeaus bis zur Unterführung, durch die wir in die „Birken-Allee" kommen, auf der wir Haus Morp erreichen, das von prächtigen Pappeln überragt wird. Der einstige wasserumwehrte Rittersitz ist jetzt ein Bauerngut.

Nun benutzen wir 50 Meter die „Talstraße" nach links, dann weisen mehrere Wegmarkierungen rechts in den „Gödinghover Weg". Dieser asphaltierte Weg führt am Morper Bach entlang bis zu seiner Mündung in die Düssel, welche wir überschreiten. So gelangen wir rechts zum Fasanenwäldchen, ein Bächlein uns zur Seite. Am Wegesrand sehen wir je eine mächtige knorrige Eiche und Weide. Dabei umgehen wir das ehemalige Burghaus Gödinghoven und dahinter überqueren wir die Bahnstrecke Düsseldorf–Wuppertal.

Jetzt treffen wir auf das Wegezeichen weiße Raute, dem wir nach links folgen. Doch nach 100 Metern geht es rechts auf einen Pfad, der uns in den Bergwald führt. Dieser Weg leitet uns auf halber Höhe über einen Damm zwischen zwei ausgebeuteten Sandgruben, wobei wir den Rest einer verbindenden Steinbrücke passieren. Die Gruben haben heute rei-

5

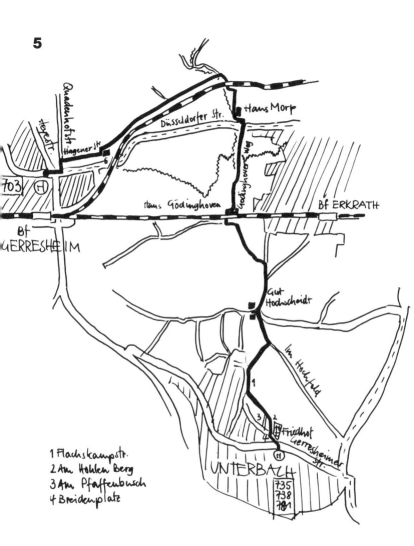

chen Waldbestand. Danach folgt eine Partie oberhalb der Erosionstälchen durch schönen Buchenhochwald. Eine Bank an der Wald- und Feldecke lädt zu einer kleinen Rast ein. Dort ist Gelegenheit festzustellen, wie Erkrath aus dem Tal der Düssel auf seine Höhen hinaufgewachsen ist.

Durch Feld- und Wiesenfluren erreichen wir bei Gut Hochscheidt den höchsten Punkt unserer Wanderung und damit den „Rathelbecker Weg", im Volksmund Gräfrather Weg genannt, der einst die Klöster Gräfrath und Gerresheim miteinander verband. Wir kreuzen den „Rathelbecker Weg", gehen am Waserreservoir der Stadt Erkrath vorbei und kommen zu einer Wegkreuzung. Hier verlassen wir die weiße Raute und biegen rechts in den Weg ein, der uns zum Waldrand führt. Hier gehen wir geradeaus, wobei wir jetzt ein weißes Viereck als Wegzeichen benutzen.

Im schönen Wald geht es abwärts, wir kommen zu einer Schranke und sind nun auf der „Flachskampstraße". Hier Trennung vom Viereck und beim ersten Haus nach links. Unser Wanderweg verläuft jetzt zwischen Wald und Gärten bis zur Straße „Am Hohlenberg". Am Friedhof rechts und leicht abwärts bis zum Eingangstor. Nun sind wir in Unterbach: geradeaus der „Breidenplatz", und links auf der Straße „Am Pfaffenbusch" erreichen wir die Bus-Haltestelle nach Düsseldorf. (Wanderzeit: 1½ Stunden)

6. Schloß und Forst Eller

Wandern auch im Düsseldorfer Stadtgebiet

Warum in die Ferne schweifen, wenn auch die nahe Umgebung schöne Wanderwege bietet? Diesmal fahren wir bis Eller, „Vennhauser Allee" und gehen auf der „Schloßallee" zur „Heidelberger Straße", die wir kreuzen. Nun gelangen wir mit der Markierung weißes Dreieck nach Schloß Eller. Gleich hinter dem Tor sehen wir einen Gedenkstein, der an die erste Gertrudis-Kapelle von 1350 erinnert. Wir halten uns rechts und kommen zu den Wirtschaftsgebäuden, gepflegten Fachwerkbauten. Nun geht es durch ein Tor und wir überschreiten den Schloßgraben. Dahinter links und wir gelangen in den Schloßpark, wobei wir Schloß Eller umwandern. Bei den alten Eiben gehen wir rechts und gleich links über den Eselsbach. Wieder weist unser Zeichen links durch den schönen Park.

Vor dem Spielplatz Trennung von der Markierung und links zum Ausgang. Dort kreuzen wir die „Deutzer Straße" und folgen nun der Straße „In der Elb", die wir bis zu ihrem Ende gehen. Vor dem Waldweg biegen wir links ab und folgen dem Fahrweg. Später überschreiten wir den Eselsbach und gelangen zum „Kikweg", dem schnurgeraden Weg, der den Eller Forst durchschneidet. Auf ihm rechts, und zwischen Wald und Schrebergärten bis zur Eisenbahnbrücke, welche über das Gelände des Güterbahnhofs Eller führt.

Nachdem wir die Brücke überschritten haben, treffen wir „Am Kleinforst" auf einen Parkplatz, wo sich eine Wandertafel befindet. Nun sind wir im Eller Forst. Von der Orientierungstafel gehen wir direkt rechts über die Brücke den Fußweg etwa 10 Minuten bis zur 2. Abbiegung links. Hier

6

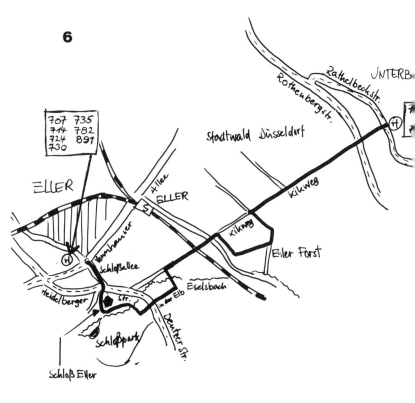

beginnt nach der ersten Kreuzung ein Naturlehrpfad. Beachtenswert sind dort Stieleiche, Rotbuche und Eberesche. Nach einer Linksschwenkung wandern wir an einem Rastplatz mit Bänken und Tisch vorbei geradeaus zum „Kikweg", den wir an einem Unterstellpilz erreichen. Wir gehen nach rechts den „Kikweg", der von Gräben gesäumt wird. Auch Teiche und Tümpel sowie Feuchtgebiete zeigen hier, wo die Wasserlinse zu sehen ist. Der Weg ist auch von hohen Weiden bestanden.

Wir gelangen zur „Rothenberg Straße", der Umgehungsstraße von Unterbach, die wir überqueren. Nun sind es nur noch wenige Minuten zur „Rathelbeckstraße", wo wir Unterbach erreicht haben. Hier am Ende des „Kikwegs" befindet sich die Haltestelle des Busses für die Rückfahrt.

(Wanderzeit: 1½ Stunden)

7. Abstecher zum Schloß

Auf schönen Wegen um Garath

Wir fahren mit Linie 701 bis Benrath, Endhaltestelle, benutzen die „Hildener Straße" bis zur Straße „Am Buchholzer Busch" und schwenken rechts ein. Dabei treffen wir auf den „Hildener Rundweg", Zeichen H im Kreis, den wir für den ersten Teil erwandern. Wir überschreiten die Itter und gehen durch die Unterführung der Autobahn.

Zunächst geht es am Waldrand dahin. Nach fünf Minuten stehen die ersten Häuser. Dort biegen wir links in den „Ostbusch" und folgen weiter dem H. Nach 150 Metern stoßen wir wieder auf die Itter und folgen dem Flußlauf nach rechts. Nach ca. 250 Metern folgen wir weiter dem H nach rechts auf einen breiten Waldweg und kommen zu einer Unterstellhütte, leider ohne Sitzgelegenheit; zur Linken eine blumenreiche Wiese zum Sonnen. Auf unserem Weiterweg passieren wir mehrfach mächtige Eichen und Buchen, an einer Forstkultur kommen wir vorbei, auch durch eine Tannenallee geht es. Dann lichtet sich der Wald und seitwärts erheben sich die hochgebauten Häuser von Garath.

Hier wendet sich der Weg mit dem H nach links. Wir verlassen das H und gehen geradeaus. Nach einem kurzen Stück ohne Markierung begleitet uns nun das Zeichen X. Auf dem „Kapeller Feld" gehen wir weiter: zur Rechten die Wohnblocks von Garath und zur Linken Gärten und den Kapeller Hof. Sodann nimmt uns eine schöne, 100jährige Kastanienallee auf. Da hören wir das Geschnatter von Hunderten von Gänsen hinterm Zaun: Wir gehen an der Garather Geflügelfarm vorbei. Bei dem Straßenschild „Garather Schloßallee" machen wir einen kurzen Abstecher zum Schloß. Diese ehemalige Wasserburg war Stammsitz der Herren von Garde-

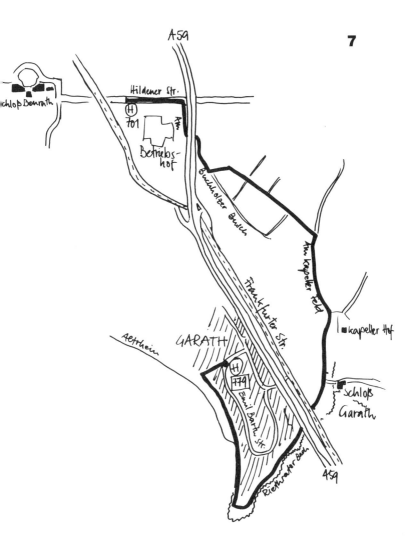

rode, später wechselte mehrfach der Besitzer. Die Anlage entstand im 16. Jahrhundert. Das jetzige Herrenhaus wurde 1884 durch den damaligen Inhaber Paul Poensgen errichtet. Jetzt ist die Stadt Düsseldorf Eigentümer.

Nach wenigen Minuten kommen wir zur „Frankfurter Straße", kreuzen sie und gehen durch zwei Unterführungen. Dahinter trennen wir uns vom Posthorn und lassen uns vom X weiterführen. Jetzt wandern wir oberhalb des Riethrater Baches dahin, zur Rechten die Gärten anstehender Häuser. Unser Zeichen leitet uns sicher, wir gelangen in das Naturschutzgebiet, das sich am ehemaligen Rheinbett dahinzieht. Leicht geht es abwärts; wir verbleiben auf diesem Weg, der am Rand von Garath verläuft. Nach etwa einer halben Stunde kommen wir an einem Spielplatz vorbei und sehen später rechts am Hang den jüdischen Friedhof Schlickumsfeld. Hier verlassen wir unseren Wanderweg und gehen rechts aufwärts. Schon nach 100 Metern befinden wir uns an der Haltestelle von Bus 779 nach Benrath.

(Wanderzeit: $2^{1}/_{2}$ Stunden)

8. Urdenbachs alte Häuser

Vom Benrather Schloß aus durch Düsseldorfs Süden

Bleiben wir diesmal im Stadtbereich und fahren mit Linie 701 bis Benrath, Schloß. Dort gehen wir vor dem großen Teich, durch Enten und Schwäne belebt, am Westflügel mit dem Naturkundlichen Heimat-Museum Benrath vorbei und vor der Schloßterrasse in den Schloßpark. Hier treffen wir auf die Markierung X des Wanderweges Düsseldorf–Dillenburg, dem wir uns anvertrauen.
Auf der Hauptallee durchwandern wir den weiträumigen Park, wobei wir ab und zu einen Blick zurück auf das Schloß werfen sollten. Am Ende besteigen wir einen kleinen Hügel und erreichen bei der Rhein-Terrasse Benrath den Rhein. Nun gehen wir links auf dem „Benrather Schloßufer" stromauf, immer mit Sicht auf das Waser.
Sind wir am „Alten Fischerhaus" vorbei, ändert sich das Bild. Rechts sehen wir das frühere Rheinbett, das jetzt vom Garather Bach durchflossen wird. Wir entfernen uns vom Strom und erreichen die ersten, eng an die Straße gedrückten Häuser von Urdenbach.
Das „Benrather Schloßufer" geht über in die Straße „Am Alten Rhein", an der mehrfach einstöckige Häuser des alten Urdenbach stehen. Vor dem Auslauf der Straße fällt uns ein mächtiges, durch ein Täfelchen gekennzeichnetes Baudenkmal auf. Dort ist zu lesen, daß sich in diesem barocken Wohn- und Handelshaus das Wollkontor der Familie Mertens befand. Über dem Eingang eine zweizeilige Haus-Inschrift, an der Seitenfront mit „AN 1750" das Baujahr des Gebäudes.
Im Garten des gegenüberstehenden Hauses befinden sich

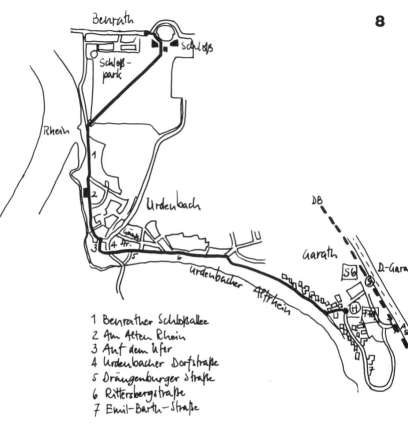

1 Benrather Schloßallee
2 Am Alten Rhein
3 Auf dem Ufer
4 Urdenbacher Dorfstraße
5 Dräugenburger Straße
6 Rittersbergstraße
7 Emil-Barth-Straße

einige beachtenswerte Eiben. Am Zaun entlang kommen wir zur Straße „Auf dem Ufer". Das X zeigt rechts leicht aufwärts in einen Pfad, der zu einer kleinen Anlage hinleitet. So gelangen wir zunächst zu einem Schaufelrad, geschichtlicher Rest der ehemaligen Urdenbacher Mühle. Zur Rechten befindet sich ein Wohnhaus, ehemals Bauernhof. Dann lädt eine beschauliche Stelle mit Bank und Tisch zu einer kleinen Zwischenrast ein. Von hier haben wir einen Blick auf das alte Rheinbett.

Wir gehen hinunter, kreuzen die „Urdenbacher Dorfstraße" und wandern auf der „Drängenburger Straße" weiter. Auch hier noch ein Teil des alten Urdenbach. Am Haus Nr. 20 befindet sich über der Haustür eine gut lesbare Balken-Inschrift, der wir entnehmen, daß das Haus 1757 errichtet wurde. Gegenüber Haus Nr. 31 mit „AD 1767" am Giebel. Später, an Haus Nr. 43, lesen wir den Hinweis, daß es sich ebenfalls um ein Baudenkmal handelt, um ein typisch bergisches Fachwerkhaus, in dem einstmals ein Hausweber sein Handwerk betrieb.

Wo die „Gänsestraße" abzweigt, steht noch ein Bauernhof. Wir wandern dann oberhalb des Altrheins dahin, rechts Gebüsch und Kolke. Eine Tafel weist darauf hin, daß wir uns jetzt im Naturschutzgebiet befinden. Dagegen erheben sich links auf dem hohen Ufer die Häuser von Garath. An der Gabelung nehmen wir den halbrechts führenden Weg und passieren einen Spielplatz. Unten am Altrhein sehen wir die „Bürgermeister-Kürten-Brücke", einen Holzsteg über Altrhein und fließendes Gewässer. Noch ein kurzes Wegestück, dann entdecken wir zur Linken auf der Höhe das erste Hochhaus, welches uns deutlich auf Garath aufmerksam macht. Und gleich stehen wir vor einem mit Zaun umzogenen Waldhang: Es ist der frühere jüdische Friedhof.

Hier auf dem Schlickumsfeld wurden ab 1795 die jüdischen Toten begraben. Der letzte Grabstein von Simon Galner stammt von 1923. Jetzt haben wir Gelegenheit, die Wanderung zu beenden: links am Friedhof den Weg bergauf, und schon sind wir an der Haltestelle von Bus 779, der uns nach Benrath bringt. (Wanderzeit: 1 $\frac{3}{4}$ Stunden)

9. Durch die Rheinauen

Tümpel zeigen noch
den alten Flußverlauf an

Mit Bus 788 fahren wir ab Benrath bis zur Haltestelle „Haus Bürgel". Gleich beim Aussteigen treffen wir auf die Markierung M im Kreis des „Monheimer Rundweges". Wir folgen rechts dem Fahrweg und haben nach wenigen Minuten Haus Bürgel, einen alten Bauernhof, erreicht. Sein Ursprung fällt in die Römerzeit. Damals lag es noch auf der linken Rheinseite und war ein Kastell zum Schutz gegen die Germanen. Hier befand sich später die Urkirche von Zons. Jetzt ist es Besitz der Grafen Nesselrode.

An den Gutsgebäuden gehen wir vorbei, zur Rechten dehnen sich weite Ackerfluren aus. An der Waldecke weist unser Zeichen links in einen Fahrweg, der in den Bürgeler Wald, in den Rheinauen-Wald, führt, den wir jetzt durchwandern. Achtung: Die Markierung zeigt später links und sofort wieder rechts in einen schmalen Pfad parallel des Fahrweges. An der folgenden Gabelung rechts und nach 100 Metern links. Nach weiteren 100 Metern wieder mit M nach links. Das Zeichen führt an dem großen Campingplatz vorbei, denn wir haben uns dem Rhein genähert, der durch das Gebüsch sichtbar wird. Wir kommen zum Wirtschaftsgebäude des Platzes, wo Einkehrmöglichkeit besteht.

Unser Weg führt vor dem Gebäude geradeaus wieder in den Wald. Doch nach zwei Minuten, am Ausgang des Waldes und vor den Schrebergärten, trennen wir uns von unserem Wegezeichen und schwenken links ab. So erreichen wir die nach Baumberg führende Straße, den „Baumberger Weg", den wir queren. Zunächst am Waldrand entlang, dann links auf einem Graspfad bis zu einem Feldfahrweg, den wir nach

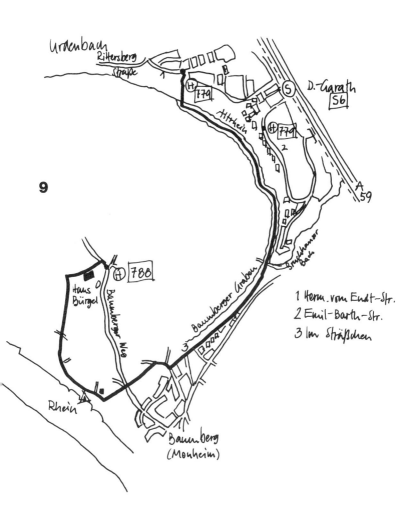

rechts benutzen. Vor uns weite Felder und Wiesen. Später folgen wir dem Weg nach rechts und vor uns auf leichter Anhöhe werden die ersten Häuser von Baumberg sichtbar.
Jetzt nähern wir uns dem Gebiet des Alten Rheins, welches er vor Jahrhunderten durchflossen hat, und kommen zur Straße „Im Sträßchen", welche sich unter den Dünen des einstigen Rheinlaufs entlang zieht. Wir folgen ihr nach links. Zur Linken sehen wir mehrfach kleine Tümpel, die den ehemaligen Flußverlauf anzeigen. Dieses Gewässer wird der Baumberger Graben genannt. Hier stehen auch noch Kopfweiden, die von Zeit zu Zeit ordentlich geschnitten werden.
Nach einiger Zeit erreichen wir eine Talfaltung, und dort kommt von rechts ein Bach aus dem Bergischen; er hat viele Namen, hier heißt er Bruchhauser Bach. Der Wald nimmt uns wieder auf. Auf einem Damm, der Altrheinbett und Bach trennt, wandern wir bis zur ersten Brücke. Dort müssen wir uns entscheiden. Jenseits der Brücke, auf leichter Anhöhe, liegt der Bereich Garath, von wo die Rückfahrt angetreten werden kann. Im andern Fall verbleiben wir zwischen Bach und Altrheinbett und wandern geradeaus bis kurz vor Urdenbach und von dort in den Ort und zur Bushaltestelle. (Wanderzeit: 2 bis 2¾ Stunden)

10. Ein Sommertag in Zons

Ausflug mit Omnibus und Fährschiff

Wir fahren mit Bus 788 von Benrath Bahnhof bis Haus Bürgel. Gegenüber dem Wegekreuz gehen wir rechts auf dem Fahrweg, wobei uns ein weißer Kreis führt, nach Haus Bürgel. An dem jahrhundertealten Gutshof, dessen Ursprung in der Römerzeit liegt, wandern wir vorüber. Bereits an dem folgenden Waldstück verlassen wir die Markierung und verbleiben geradeaus zwischen Wald und Feld, gleichlaufend die Leitungsmasten. In dem folgenden Waldwinkel geht es rechts und nach zwei Minuten links, damit wird der Fahrweg verlassen. Wir benutzen den Graspfad, der unter einem Eisenmast vorbeiführt. In einem Rechtsbogen und nach links erreichen wir die ersten Wochenendhäuser.
Unser Weg verläuft jetzt parallel zu einer Pappelallee. Später rechts und gleich links kommen wir zur Fahrstraße und zur Gaststätte Am Ausleger und zur Fährstation. Hier setzen wir über den Rhein. Auf dem linken Ufer geht es zum Fährhaus und auf der Straße nach Zons.
Die Siedlung lag einst auf der rechten Uferseite des Rheins. Aus einem Römerlager entstanden, weist Zons, heute „Feste Zons" genannt – denn es ist rings von der alten Stadtmauer umschlossen –, eine abwechslungsreiche Geschichte auf. Ein Bummel durch die Gassen lohnt.
Da tritt man durch das Rheintor des Rheinturms in das Städtchen ein, und schon ist man gefangen von der Vergangenheit. Hoch erhebt sich der Judenturm, die Windmühle kann besichtigt werden und von hier ist die Sicht über die Häuser zu erleben. Vor allem aber ist das der Schloßbereich. Hier ist das Museum des Kreises Neuss eingerichtet, in dem laufend Ausstellungen und künstlerische Veranstaltungen

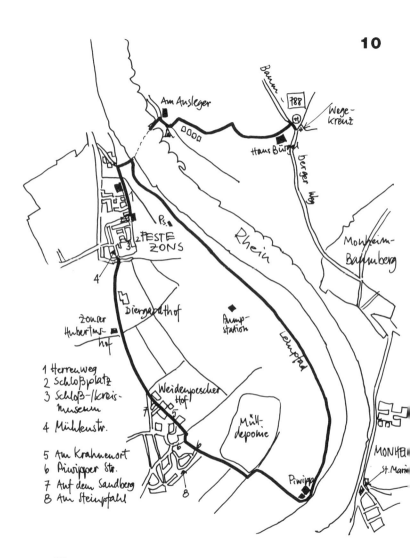

stattfinden. Und im weiträumigen Schloßhof kann man sommertags die Freilichtbühne besuchen, ein beliebtes Ziel für Kinder.

Haben wir uns genügend in Zons umgesehen, wandern wir von der Mühle aus nach Süden in Richtung Rheinfeld. Die baumbestandene Straße führt durch flaches Wiesen- und Ackergelände. Am Ortseingang von Rheinfeld biegen wir von der Hauptstraße halblinks ab und wandern entlang der Siedlung Weidenpesch auf den Rheindeich zu. Diesen überqueren wir und sehen bereits am Fluß das Fährhaus „Piwipp" liegen. Eine Fährverbindung nach Monheim besteht seit 1978 nicht mehr. Der historische Charakter einstiger Flußschiffahrt ist im Kaffeerestaurant erhalten geblieben. Von hier aus wenden wir uns dem breiten Gebiet des Vordeiches zu. Entweder folgen wir dem schmalen Weg mit mächtigen Pappeln oder folgen der zweiten Möglichkeit auf einem Pfad, der direkt dem Fluß, den Schiffahrtszeichen folgt. In ca. einer Stunde erreichen wir wieder die Fähre von Zons zum Haus Bürgel, dem Ausgangspunkt der Wanderung.   (Wanderzeit mit Stadtbesichtigung: 4 Stunden)

11. Am Ufer der Erft

Wo keine Baulichkeit die Landschaft stört

Es lohnt sich, einen Tag in der stillen Schönheit dieses typisch niederrheinischen Flusses zu erleben. Ab Hauptbahnhof fahren wir mit Linie 705 nach Neuss, Stadthalle, und weiter mit Bus 869 bis Wevelinghoven, „Am Wehr". An der Haltestelle treffen wir auf die Markierung X der Wanderwege 2 (Kleve–Düren) und 3 (Zons–Krickenbeck), deren Führung wir uns für unsere Wanderung anvertrauen.

In Fahrtrichtung gehen wir auf der Straße „Am Wehr" zunächst geradeaus an der Erft entlang und an der Gabelung in die „Unterstraße". So kommen wir zur Kirche St. Mauritius, einem klassizistischen Backsteinbau, wo sich eine beachtenswerte Kreuzwegstation befindet. Das ehemalige Klostergebiet aus dem Jahre 1698 schließt sich an. Nun schwenken wir rechts ab in den „Klosterweg". Kurz danach sind wir an der Erft, die wir überschreiten. Damit sind wir an einem der schönsten Uferwege an diesem Fluß. Links, flußauf, zieht sich auf dem jenseitigen, leicht erhöhten Ufer die Häuserzeile von Wevelinghoven dahin. Am stark fließenden Wasser der Erft entlang erreichen wir nach einer Weile den „Hemmerder Weg". Dort trennt sich der Wanderweg 3.

Wir bleiben auf dem geradeaus führenden Uferweg. Schon sehen wir eine Ableitung der Erft, welche durch den Bereich der Oberen Mühle verläuft, eine jener alten Mehlmühlen, die seit Jahrhunderten das Wasser des Flusses genutzt haben und teilweise noch heute nutzen.

Anschließend erwandern wir die typische Erftlandschaft,

11

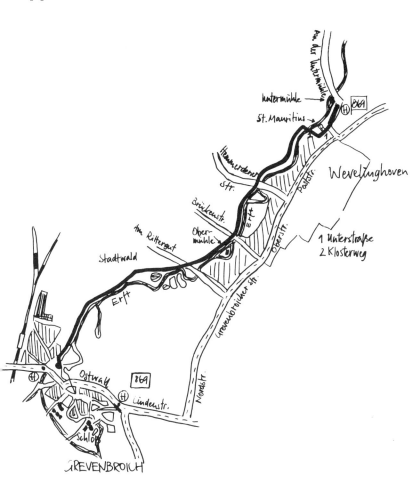

die von keiner Baulichkeit gestört wird. Hier herrschen Pappeln und Weiden, und unter ihnen entdecken wir die weißen Flecken der Anemonen, unsere ersten Frühlingsblumen. Erfreuen wir uns an ihrer stillen Schönheit.
Kurz darauf kommen wir an einer Schleuse vorbei, wo manche Paddler ihre Erftfahrt beginnen. Es geht unter einer Straßenbrücke her. Jenseits des Flusses erheben sich die großen Werksgebäude einer Zuckerfabrik. An einem Weiher rechts am Weg steht eine Hütte und lädt zu kurzer Rast ein.
Und weiter geht es an Schrebergärten entlang, die ersten Häuser werden sichtbar. Noch über zwei Erftarme, durch eine kleine Parkanlage, vorbei an einem Herrschaftshaus, dann sind wir in Grevenbroich. Zwar ist nun die Wanderung beendet, doch sollte man sich die Zeit nehmen, in der Stadtmitte auch das ehemalige Schloß aufzusuchen. Grevenbroich hat manches zu bicten.   (Wanderzeit: 1¾ Stunden)

12. Feine Sicht auf den Strom

Eine Damm- und Uferwanderung am Niederrhein

Zu einer Sommerwanderung fahren wir mit Linie U 76 nach Meerbusch-Büderich, „Landsknecht". Von der Haltestelle queren wir die Straße und treffen auf die Markierung A 6. Mit ihr biegen wir in die „Johannes-Kirschbaum-Straße" ein; benannt nach Johannes Kirschbaum, der in den Jahren 1892–1919 Pfarrer in Büderich war. Nun durchwandern wir einen modernen ruhigen Ortsteil der Stadt Meerbusch, der in den letzten Jahren entstanden ist.

An der „Sechs-Wege-Kreuzung" folgen wir geradeaus dem Rheinpfad (Fußweg), dessen Abschluß Kastanie und Linde bilden, und gelangen durch die Ackerfluren zum Hochwasserdamm des Rheines.

Wir folgen nicht der Markierung, die ans Stromufer führt, sondern verbleiben auf der Dammhöhe (A 7), wo wir links einschwenken. Für den weiteren Weg haben wir eine schöne Sicht sowohl auf den Strom wie auch zurück über die landwirtschaftlich genutzten Fluren, in denen sich der Schornstein einer Großgärtnerei befindet, wie hinüber nach Büderich. Zur Landschaftsbetrachtung laden vereinzelt Bänke am Wege ein.

Später kommen wir an einem Modell-Flugplatz vorbei. Danach treffen wir nochmals auf A 6, das uns nur kurz begleitet. Jetzt nähern wir uns einer Kurve, der Rheindamm dreht landein, damit endet der gepflegte Weg. Wir gehen geradeaus, wobei uns nun A 5 als Wegemarkierung dient. Schon passieren wir ein ausgetrocknetes Bachbett. Unser Weg oberhalb des Stroms wird zu einem Strandweg mit Sand, Kieseln und Dünen, der festes Schuhwerk fordert. Auf dem

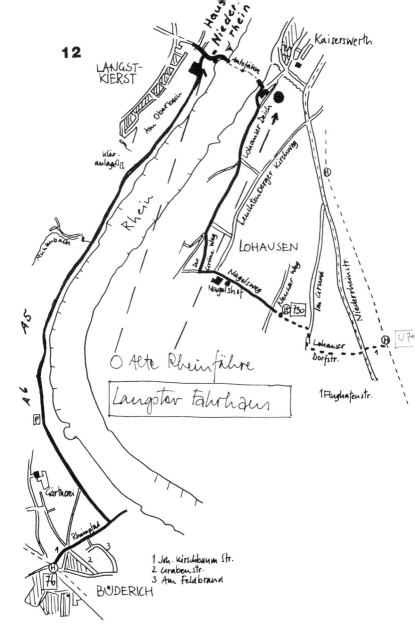

hohen Ufer befinden sich ausgedehnte Maisfelder. Bei Rhein-Kilometer-Stein 753 erreichen wir die neue Mündung des Mühlenbaches, der einst die Räder der Mühle zu Haus Meer in Bewegung setzte, und überschreiten den Bach auf einem Steg. Die nun folgende Wegestrecke ist beliebt, da abseits allen Verkehrs gelegen.

Über den Strom hinüber wird der Blick frei auf Kaiserswerth. Unsere Rheinwanderung geht unter dem „Langster Fährhaus", „Haus Niederrhein" zur Langster Fähre, die uns zur „Alten Rheinfähre" von Kaiserswerth bringt. Alle Gaststätten geben Möglichkeit zur Rast.

Da uns Kaiserswerth bekannt ist, verweilen wir diesmal hier nicht, sondern wandern vor der Gaststätte rechts wieder stromauf. Nach etwa fünf Minuten endet die Asphaltierung, wir gehen über einen schmalen Feldweg zum Lohauser Deich. Diesem folgen wir geradeaus, wobei wir uns an dem schönen Blick über den Rhein erfreuen. Wenn wir den links unseres Weges liegenden Park passiert haben, nehmen wir nach dem „Elbinger Weg" den halblinks führenden „Grüne Weg", welcher uns an der nächsten Linksbiegung zum Nagelshof und damit zum „Nagelsweg" leitet. Auf dieser Straße erreichen wir die Bushaltestelle der Linie 730. Mit dieser Linie bis „Flughafenstraße" und von dort weiter mit U 79 nach Düsseldorf zurück.

(Wanderzeit: 2 bzw. 2½ Stunden)

13. Alte Bäume und Häuser

Durch den Greiffenhorst-Park

Dieses ist keine Wanderung im üblichen Sinne, sondern ein Bummeln und Betrachten durch eine gepflegte Landschaft, auf der der Naturfreund und Naturliebende auf seine „Rechnung" kommt.

Zu diesem Zweck fahren wir mit Linie U 76 bis Haus Meer und steigen dort um in Bus 831, der uns über Lank hinaus bis zum „Römer" bringt. An der Haltestelle überqueren wir die Straße und biegen gleich in den „Biselter Weg", bezeichnet nach einem alten Flurnamen, ein. Hier treffen wir auf zwei Wegmarkierungen: X und „=", welche uns zunächst am Waldrand entlang führen; rechts ein Sportplatz.

Die Straße macht einen Linksbogen; nun haben wir einen Durchblick durch die Bäume und sehen, daß sich zur Linken ein See ausdehnt. Es ist der aus einem Baggerteich entstandene Römersee. An manchen Tagen herrscht hier reges Badeleben. Nun kommen wir zu einer Holzbrücke, trennen uns von X und gehen mit „=" links über diese und dahinter rechts. Damit haben wir den „Greiffenhorst-Park" erreicht. Der Park wird vom Mühlenbach, der hier in seiner ganzen Länge gestaut ist, durchflossen. Diese Anlage entstand um 1820 durch den auch in Düsseldorf bekannten Gartengestalter Maximilian Friedrich Weyhe. Auf unserem Weg auf der rechten Bach- und Teichseite finden wir denn auch den „typischen Weyhe-Hügel", leider zum Teil eingeebnet.

Das Sehenswerte ist für den Wanderer und Naturfreund jedoch der überaus großartige Baumbestand. Ob Kastanie oder Platane, Buche oder Weide, alles finden wir hier. Und allen diesen mächtigen Bäumen ist ein ehrwürdiges Alter an-

13

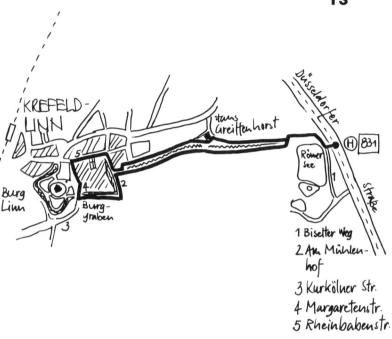

zusehen. Nicht vergessen seien die Enten, Gänse, Wasserhühner und Schwäne.

Unser Weg endet kurz vor „Am Mühlenhof", wo wir wieder auf X treffen. Wir gehen links auf dem Fahrweg am alten Stadtgraben entlang, später geht es rechts an Schrebergärten vorbei. An der Linkskurve verbleiben wir geradeaus und kommen zur „Kurkölner Straße". Hier rechts und über die Brücke und mit dem Zeichen gleich links in den Schloßpark von Linn.

Nun aber nehmen wir uns Zeit, uns in dem reizenden alten Städtchen ein wenig umzusehen. Da sind die alte kurkölnische Burg und das Schloß mit dem niederrheinischen Museum und nahebei das Römische Museum. Reizend die Margarethenstraße mit den alten Häusern von 1733, 1737 und 1766.

Anschließend gehen wir rechts und auf der Hauptstraße an der Kirche vorbei zum Ortsausgang. Hier treffen wir wieder auf X, dem wir rechts folgen. So gelangen wir zum Mühlenhof. Wir schwenken links ab, gehen über die Brücke und sind nun wieder im Greiffenhorst-Park, den wir auf dem linken Uferweg begehen. Vielleicht nehmen wir uns auch eine Weile Zeit, eine besinnliche Pause einzulegen, denn noch erwartet uns eine Überraschung, die wir auf dem Hinweg nur von weitem sehen konnten.

Wir kommen nämlich zum Schloß Greiffenhorst. Einst stand hier ein schlichtes Jagdschloß der Kölner Kurfürsten. Nach der Säkularisation erwarb die Krefelder Familie de Greiff dessen Besitz. Cornelius de Greiff ließ um 1830 von Adolf von Vagedes, der auch den Düsseldorfern bekannt ist, einen Sommersitz errichten. Im letzten Krieg teilweise zerstört, ist er im Besitz der Stadt Krefeld zu neuem Glanz entstanden. Jetzt finden dort Seminare und Ausstellungen statt. Am Schluß unserer Wanderung geht es wieder am Römersee vorbei und auf dem „Biselter Weg" zum „Römer" zurück.

(Wanderzeit: 2 Stunden)

14. Schöner Niederrhein

Rüstige wagen noch den Rückweg bis Kaiserswerth

Im Norden von Düsseldorf beginnt die niederrheinische Landschaft mit ihren Wäldern, weiten Ackerfluren und alten Bauernhöfen.

Unsere Fahrt geht mit Linie U 79 (Düsseldorf–Duisburg) bis Haltestelle Kesselsberg. Aus dem „markanten" Bahnhof gehen wir durch die Unterführung zur „Düsseldorfer Landstraße", der wir nach links nun eine Weile folgen. So kommen wir am Gut Kesselsberg vorbei und über die Anger zu der zur Autobahn ausgebauten B 288 und unter ihr her. Hinter der Auffahrt und vor dem Anwesen biegen wir rechts in einen Fahrweg ein, der neben der Autobahn entlang führt. Nach etwa zehn Minuten dreht unser Weg links in den Wald ein: es ist das Waldgebiet des Heidbergs, eine sandige Dünenlandschaft mit Mischwald und Kiefern. Gleichzeitig dient er den Reitern als Übungsgelände.

Wir kreuzen einen Reitweg und halten uns in der eingeschlagenen Richtung. Wenn sich alsdann der Wald lichtet, bleiben wir weiterhin geradeaus. Durch Wiesen und Ackerfluren erreichen wir den Postenhof. Hier rechts zum Holtumer Hof. Bei den beiden Höfen handelt es sich um alte Bauerngüter. Beim Holtumer Hof ist der Torturm mit Dachreiter beachtenswert.

Am Holtumer Hof schwenken wir links ab und umgehen diesen auf dem „Holtumer Mühlenweg". Nun folgen wir dieser festen Straße immer geradeaus durch eine bäuerliche Landschaft. Der Hof zur Linken am Wege ist die Holtumer Mühle. Hier – auf einer Höhe von 33 Metern – stand bis vor wenigen Jahren noch eine Windmühle.

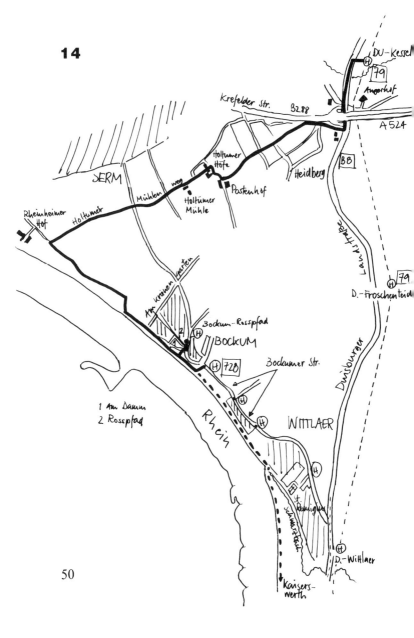

Von unserem Weg aus sieht man rechts das langgestreckte Serm, Ortsteil von Duisburg, vor uns die Werksanlagen am Krefelder Hafen. Nun nähern wir uns beim Rheinheimer Hof dem Rhein, doch vorerst bleibt er uns noch verborgen. Wo es rechts zu der Siedlung geht, biegen wir links auf einen Fahrweg ab und wandern nun unterhalb des Hochwasserdammes weiter.
Haben wir dann die Dammhöhe erreicht, verlassen wir die Straße und gehen rechts auf einem Pfad um die nun folgende Siedlung herum. Jetzt haben wir eine schöne Rheinpartie, welche uns unterhalb von Bockum dahinführt. Wer will, kann hier die Wanderung beenden. Direkt am Kilometerstein 759,2 führt ein schmaler Pfad einige Stufen hinauf. Zwischen zwei Grundstücken erreichen wir die Straße „Am Damm", dort rechts und gleich wieder links zur Endhaltestelle Bockum-Roßpfad der Buslinie 728.
Dem Rüstigen ist anzuraten, die Wanderung auf dem bekannten Rheinuferweg fortzusetzen, und zwar an Wittlaer vorbei zur Mündung des Schwarzbachs in den Rhein und weiter bis Kaiserswerth. (Wanderzeit: 2 bzw. 3 Stunden)

Düsseldorf-Wittlaer

15. In der Überanger Mark

Wanderung in den herbstlich-bunten Wäldern

Dies ist eine besinnliche Wanderung im Spätsommer oder gar zur Zeit der Färbung des Waldes. Wir fahren mit der U 79 bis zur Kalkumer Schloßallee und wandern auf dieser bis zum Schloß Kalkum. Von hier folgen wir der Wegemarkierung X 17 (D-Weg) in Richtung Ratingen. Der Weg führt uns zunächst zum Schwarzbach, dann hinter dem früheren S-Bahnhof in den Forst Kalkum. Dort trennen sich die Wanderwege D und X 17. Wir biegen, X 17 folgend, nach links ab in den Forstbusch. Wir kreuzen die Fahrstraße und gehen links über die Anger. Dahinter, nach 100 Metern, rechts bis kurz vor dem Waldrand, diesseits der Anger befindet sich die Kläranlage. Wir aber biegen links ab und erreichen damit einen schnurgerade nordwärts verlaufenden Weg.

Nun sind wir in der Überanger Mark, einem Teil des ehemals fürstlichen Waldgebietes, in dem es noch Wildpferde gab. Parallel dieses Schneisenweges verläuft ein Graben, und dem botanischen Auge wird vielerlei geboten an Bäumen, Pflanzen und Gräsern. Manche hochstämmige Eiche, Buche oder Kastanie steht am Wege.

Wenn wir mitten im Wald an eine Wegekreuzung kommen und das X rechts weist, verbleiben wir in der bisherigen

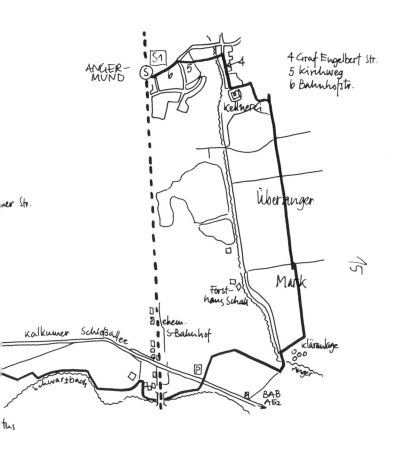

Richtung, also Trennung von X. Nach geraumer Zeit kommen wir unter einer Hochspannungsleitung zu einer Freifläche, wo sich Gelegenheit zu einer kleinen Rast bietet. Danach gehen wir kurz zurück bis zum Ende unseres langen Waldweges und biegen rechts ab, sogleich den Waldrand erreichend. Wir schwenken rechts ab auf einen Randpfad. Zur Linken sehen wir die restaurierte Kellnerei Angermund, eine einstige Wasserburg, in der der „Kellner" der Herzöge von Berg seinen Amtssitz hatte und die Zehnten von den Bauern eingesammelt wurden. Wir werfen einen Blick durch den Torturm auf die Anlage.
Bei dem Kreuz vor dem Burggraben wenden wir uns rechts in die „Graf-Engelbert-Straße". Wir folgen ihr – sofern wir nicht Einkehr halten – und gehen an der Kirche vorbei. Kurz dahinter gehen wir links in einen Fußgängerpfad und kommen zur Anger, die wir überschreiten. Wir verbleiben in der bisherigen Richtung, links und rechts weite Wiesen. Sodann auf der „Bahnhofstraße" nach links zum Bahnhof Angermund und Rückfahrt mit der S-Bahn nach Düsseldorf.

(Wanderzeit: 3 Stunden)

16. Wälder und Wasser

Die Duisburger Seenplatte als lohnendes Ziel

Wir fahren mit S 1 bis Angermund. An Haus Litzbrück vorbei benutzen wir die „Bahnhofstraße" und verbleiben auf der „Angermunder Straße" geradeaus. Dabei überschreiten wir die Anger und kommen zur Kreuzung links „Rahmer Straße" und rechts „Graf-Engelbert-Straße", das alte Angermund bleibt rechts liegen. Wir folgen nun der „Lintorfer Waldstraße" bis zum Parkplatz zur Rechten. Hier biegen wir rechts ab und schwenken gleich nach links. Damit erreichen wir den Wald, den wir die beiden nächsten Stunden nicht verlassen.

Bei dem breiten Querweg geht es links, und wir erreichen bei der Haltestelle Eichförstchen noch einmal die Straße. Auf ihr wenige Minuten nach rechts bis zum Dickesbach. Gleich dahinter treffen wir auf die Wegemarke weiße Raute, der wir uns anvertrauen, und biegen links in einen alten Waldweg ein, der sich „Langelter Weg" nennt. Schnurgerade zieht sich dieser Weg dahin, so daß wir in einer halben Stunde zum Breitscheider Bach kommen, wo sich ein Feuchtgebiet gebildet hat. Auf langgezogener Brücke überqueren wir die ausgebaute A 524.

Das nächste Leitziel ist der „Neubaumsweg", der als Reitweg mit Hindernissen ausgestattet wurde. Wir verbleiben in der bisherigen Richtung und kommen zum „Druchterweg", einem Asphaltweg mitten im Wald, den wir nur queren. Schon lockt am Wegesrand eine stabile Holzbank zu kurzem Verweilen, nachdem wir eben auf einer Brücke den Haubach passiert haben. Wenig später erneut ein Querweg. Damit verlassen wir den breiten Waldweg und gehen geradeaus

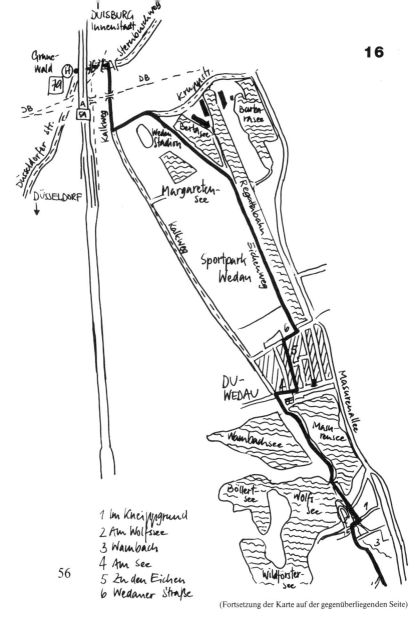
(Fortsetzung der Karte auf der gegenüberliegenden Seite)

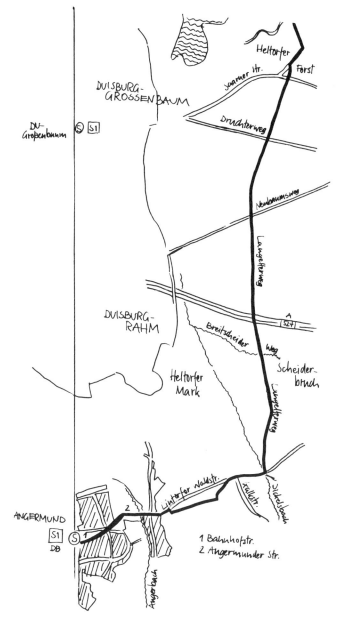

in einen wildverwachsenen, von Farnen durchzogenen Kiefernwald. Immer lenkt uns die Markierung. Haben wir wieder einen breiten Weg erreicht, verlassen wir das Zeichen und gehen auf dem Weg rechts und dann wieder in den nächsten Weg links. Dem folgen wir links bis zur Straße „Im Kneippgrund". Dort rechts über die Brücke und dahinter sofort wieder links. Entlang des Wambaches erreichen wir den Wolfssee.
Damit haben wir das Duisburger Seengebiet erreicht, geschaffen in langen Jahrzehnten durch Auskiesung. Vom Uferrand wandern wir sodann über die Brücke, unter der sich Wolfssee und Masurensee vereinen. Am Ende der Brücke rechts hinunter zum Uferweg am Masurensee entlang zum „Kalkweg", und auf ihm erreichen wir Wedau, inmitten der Seen gelegen.
Wedau war ursprünglich eine Arbeitersiedlung, ihren typischen Häuser sieht man es an. Am Ende des Masurensees gehen wir rechts durch die Straße „Am See" und an Kirche und Haus der Heimat vorbei. Bei „Zu den Eichen" schwenken wir links, dann stehen wir am oberen Ende der Regattabahn und wandern mit dem Zeichen „–" auf dem westlichen Uferweg an diesem See entlang. Links hinter dem Gebüsch ahnen wir den Margaretensee, wogegen uns die ersten Anlagen, der Bertasee und der Barbarasee, verborgen bleiben. Diese genannten Seen waren die ersten dieser Duisburger Seenplatte. Heute dient das Seengebiet dem Wassersport. Gegen Ende der Regattabahn geht es links in die „Bertaallee", die nach dem Stadion (linke Seite) in die „Kruppstraße" mündet. Auf ihr wenden wir uns links bis zum „Kalkweg", auf dem wir nach rechts bis zum „Sternbuschweg" gehen. Dort biegen wir links ein und erreichen unter mehreren Unterführungen hindurch die Haltestelle Grunewald und die Linie U 79 nach Düsseldorf.

(Wanderzeit: 4 Stunden)

17. Ins stille Angertal

Vorschlag für eine Spätsommer-Wanderung

Eines der schönsten Täler im Niederbergischen ist das Angertal, dem wir diesmal unseren Besuch abstatten. Wir fahren mit der Linie 712 nach Ratingen und steigen dort um in den Bus 771, welcher uns nach Hofermühle bringt. An der Haltestelle kreuzen wir die Fahrstraße und folgen der Straße „Hofermühle", welche uns zunächst zum ehemaligen Hof Obenanger, jetzt ein Tierheim, führt. Sodann geht es bei Obenangerhäuschen leicht bergauf, dabei passieren wir links eine Parkanlage. Wenig später unterschreiten wir zu Schmitzbrück die Angertal-Bahn, einst eine Ausflugsstrecke durch das Angertal nach Schloß Aprath und Vohwinkel. Jetzt findet sie Verwendung als Kalkbahn, zum Abbau des in der Nähe gebrochenen Kalkgesteins.

Nun ist das Tal der Anger erreicht. Wir überschreiten das kleine Flüßchen und umgehen in einem Linksbogen die große Kläranlage. Ein ausgebauter Weg führt nun ins Angertal abwärts, eine schöne Waldpartie mit dem daneben fließenden Gewässer. Nach einiger Zeit erreichen wir das links von Bäumen verdeckte Haus Anger, einst ein Rittersitz, und die Ruinen der einstigen Angermühle. Hier treffen wir auf die Markierung X, die wir für die nächste Partie benutzen. Nach zehn Minuten kommen wir in einen Talwinkel, aus dem ein Bächlein der Anger zufließt. Hier stand einstmals das Olderhäuschen, eine bei Wanderern beliebte Stätte für eine Zwischenrast. Nachdem wir das Wässerchen überschritten haben, weist uns das Wegezeichen links weiter talab und auf gutem Weg durch Wald und Wiesen nach Steinkothen.

Für eine Weile müssen wir den Talgrund verlassen. Wir gehen rechts und trennen uns nach zwei Minuten von X und folgen der „Ernst-Stinshoff-Straße" bis zum Hotel „Eule". An der Straße vor dem Hotel treffen wir auf die Wegemarkierung „=", der wir jetzt über den Hotelparkplatz folgen. Es geht links bergauf und anschließend durch einen Buchenwald über die Randhöhen. Wir kommen zur Autobahnbrücke, die das Tal der Anger überspannt. Gleich danach folgt der steile Abstieg, der beim Einfluß eines Bächleins endet. Damit ist der Talgrund wieder erreicht.

Von dieser Stelle führt ein Pfad hinauf nach Haus Gräfgenstein, einem ehemaligen Rittersitz. Am Bahnübergang blei-

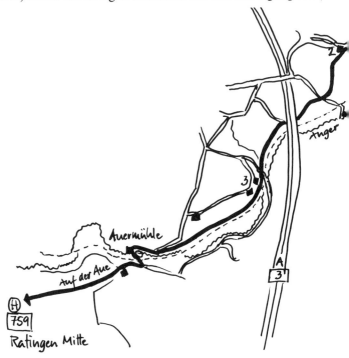

ben wir auf dem guten Weg auf der rechten Talseite und parallel zur Bahn. Nach einer Weile kommen wir an einen Stauteich und damit zur Auermühle. Wir verlassen die Markierung und gehen zwischen Gaststätte und Teich auf dem Fahrweg bergauf und an der Kurve rechts. Noch eine kleine Partie durch ein Waldstück und wir kommen nach „Auf der Aue", Ortsteil von Ratingen, wo wir die Wanderung beenden können. Fahrgelegenheit mit Bus 759 nach Ratingen und anschließend nach Düsseldorf. Für einen Fußmarsch nach Ratingen-Mitte benötigen wir eine halbe Stunde mehr.

(Wanderzeit: 2½ bzw. 3 Stunden)

18. Steinchen auf der Kuppe

In die Ratinger Wälder

Wir fahren mit der Linie 712 nach Ratingen. Von der Endhaltestelle queren wir die „Düsseldorfer Straße" und gehen durch die „Grabenstraße", wobei uns mehrere Wanderzeichen unter der alten Stadtmauer entlang zur „Lintorfer Straße" leiten. Jenseits derselben geht es durch den ehemaligen Friedhof und dann links auf der „Friedhofstraße" weiter. Noch einmal eine Kreuzung – schon liegt die Stadt hinter uns, wir passieren das Freibad „Angerbad" und überschreiten die Anger.
Zur Rechten sehen wir Haus zum Haus, eine ehemalige Wasserburg, jetzt Gaststätte und Reiterstation. Wir umgehen diesen Bereich und bald ist die Angertal-Bahnstrecke und gleich dahinter der Wald erreicht, wo wir zuerst am Waldrand, mit Blick auf Ratingen, dahinwandern.
Bald kommen wir zu einem Einzelhaus, es ist das ehemalige Forsthaus. Hier achten wir auf die Zeichen „-" und Dreieck, welche uns geradeaus weiterführen. Nun geht es eine Weile nur durch den Wald, ca. 2,5 km. Der nächste Punkt ist die Wegkreuzung unterhalb des Stinkenbergs. Zu empfehlen ist, die Kuppe des Stinkenbergs einmal aufzusuchen, wo wir wirklich „Steinchen" finden, Quarzite, naturkundliche Denkmäler.
Wir verbleiben in der bisherigen Richtung und gehen auf dem befestigten Weg weiter. Bald überschreiten wir den Hinkesforster Graben, durchwandern den Forstbezirk Siepenbruch, passieren das links im Wald liegende Waldhaus Siepenkothen. Kurz danach kommen wir erneut zu einer Wegekreuzung, wo eine Holzhütte zu einer Zwischenrast einlädt. Dort Trennung von X und nun mit der weißen

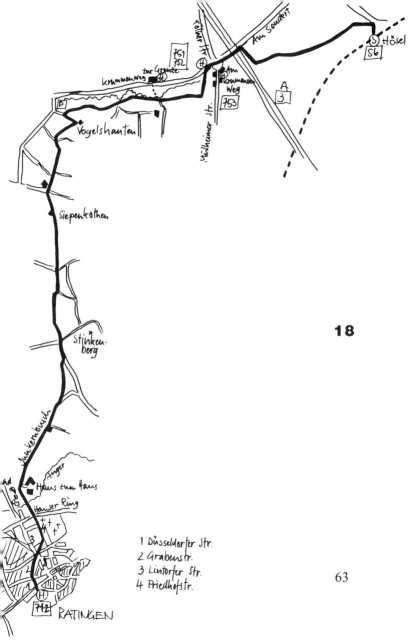

Raute geradeaus auf einem Fußpfad im Wald weiter.
Noch einmal überschreiten wir ein Bächlein, dann liegen die Häuser von Vogelshanten vor uns. Dort links zunächst auf dem Fahrweg, dann weist das Zeichen rechts und bald wandern wir oberhalb des Dickelsbach dahin. Wenn dann unser Zeichen links zum Bach und über einen Steg weist, können wir auch unseren Weg nach links verlassen, den vor uns liegenden Hügel hinaufsteigen und auf einem Waldpfad bis zur Straße gehen. Wir kommen so zur Gaststätte „Zur Grenze", wo gute Einkehrmöglichkeit gegeben ist. Später gehen wir wieder zur Brücke zurück und folgen von dort nach links erneut der weißen Raute, die uns gleich über ein zweites Brückchen ohne Geländer führt. So erreichen wir Krummenweg.
Hier wird die Straßenkreuzung überquert und auf der Straße Richtung Kettwig geht es weiter und über die Autobahn, wobei uns immer noch die Raute den Weg zeigt. Beim Parkplatz biegen wir rechts ab und durch den „Schlebruch" erwandern wir die letzte Teilstrecke nach Hösel. (Fahrtmöglichkeiten: von Grenze und Krummenweg mit Bus, von Hösel mit S-Bahn). (Wanderzeit: $2^1/_2$ Stunden)

19. Nach Schloß Linnep

Vorbei an einer dreistämmigen Eiche

Mit Bus 753 fahren wir ab Ratingen bis Gut Kost. Dort treffen wir auf Wanderweg X 17, dem wir uns anvertrauen. In Fahrtrichtung gesehen, gehen wir rechts und folgen dem schnurgeraden Waldweg bis zur Autobahn und unter der Brücke her zur Bahnstrecke. An ihr entlang kommen wir zum Bahnhof Hösel, der jedoch rechts bleibt. Bei der Schranke gehen wir links auf der Straße „Am Sondert" bis zum Ende der Leitplanke. Hier queren wir die Straße. Die Markierung leitet in den Wald.

Nach einer Minute bereits Trennung der Wege X 17 und X 30. Wir bleiben halblinks mit X 30, wobei genaue Beobachtung notwendig ist. Wir kommen zu einer Sumpflichtung, die wir rechts umgehen. Jetzt verläuft ein Reitweg mit unserem Weg gemeinsam. Der schnurgerade Weg führt uns aus dem Wald, zur Linken eine Sendeanlage. Nun erreichen wir die „Essener Straße". Vor dem schönen Fachwerkhaus rechts und nach 100 Metern links in die Straße „Langenkamp". Wir kommen zu einer Wald- und Feldecke: hier links. Anschließend gehen wir oberhalb des Hummelbaches weiter. Unterwegs beachtenswert eine dreistämmige Eiche.

Schon sind die Häuser von Rosenberg erreicht. Wir trennen uns von der Markierung und schwenken links ab. An Haus Nr. 10 vorbei kommen wir zur Kirche und zur Friedhofskapelle, daran schließt sich der Friedhof von Breitscheid an. Es ist eine gepflegte Anlage, die wir jetzt durchschreiten. Wieder passieren wir ein Tor und eine Schranke. Nunmehr führt unser Wanderweg auf schmalem Pfad oberhalb eines von Tümpeln durchzogenen Bachtälchens hin. Dann folgt ein

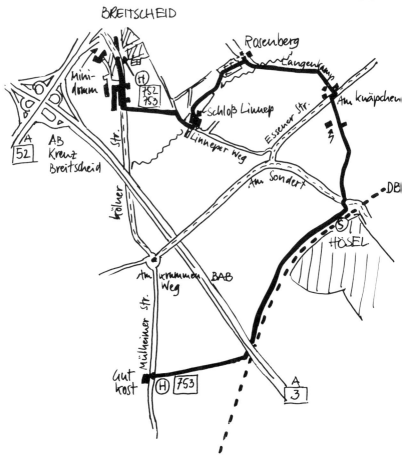

Teich, und anschließend ist der Wasserring, der sich um Schloß Linnep zieht, erreicht.
Das auf einer Insel liegende Schloß wird sichtbar, und wir umgehen die Anlage im großen Bogen, bevor wir den Wirtschaftshof zu einer kleinen Umschau betreten. Das bewohnte Besitztum ist Eigentum der Grafen von Spee; außerdem befindet sich im Schloß das Archiv des Kreises Mettmann. Aus dem Schloßhof tretend, beachten wir die schöne Kirche, dann wenden wir uns rechts und gehen auf dem „Linneper Weg" bis zur „Feldecke". Dort biegen wir links in die prächtige Lindenallee ein. Auf ihr kommen wir zur „Kölner Straße", die wir nach rechts bis zur Haltestelle Minidom benutzen. Von hier fahren die Busse 752 und 753 nach Ratingen bzw. nach Düsseldorf. Wer noch über Zeit verfügt, kann einen Besuch von Minidom anschließen.

(Wanderzeit: 2 Stunden)

20. Mühle und Waldpfad

Aus den Höseler Wäldern auf die Ruhrhöhen

Mit der Bundesbahn fahren wir nach Hösel (S 6). Aus dem Bahnhof gehen wir links und über die Gleise. Dort treffen wir auf X der Wanderwege 17 und 30, denen wir auf der Straße etwa 50 Meter folgen. Sodann queren wir die Straße nach rechts und nehmen den Waldpfad. Kurz darauf an der Gabelung Trennung von X 30 und X 17. Wir folgen X 17 durch die prächtigen Höseler Waldungen.
Nach halbstündiger Wanderung weist die Markierung nach rechts, und wir kommen zu einem rechts gelegenen kleinen jüdischen Friedhof.
Unser Zeichen X 17 zeigt nun nach halblinks, und jetzt durchwandern wir den Landsberger Busch, benannt nach dem in der Nähe gelegenen Schloß Landsberg. Beim Friedhof erreichen wir den „Höseler Weg", dem wir nun bergab folgen. An der Rindersberger Mühle biegen wir rechts ab und nehmen den Weg von der Mühle bis zur „Heiligenhauser Straße" im Tal, die wir überqueren und durch die Unterführung in die Straße „Am Wildbach" einbiegen. Hinter der Unterführung folgen wir X 17 nach links und steigen den „Klippenweg" hinan. Oben queren wir die „Charlottenhofstraße" nach links und gehen auf dem Waldpfad zur „Schönen Aussicht". Hier und vor allem weiter oben, an der Fachklinik Rhein-Ruhr vorbei, bei der Ausflugsgaststätte „Seeblick", haben wir einen herrlichen Blick in das Ruhrtal bis weit hinter Mintard, auf den Stausee und das gegenüberliegende Kettwig.
Nach den Parkplätzen verengt sich die Straße „Auf der Rötsch" zu einem schmalen, anfangs eingezäunten Weg, der

dann zwischen Einfamilienhäusern in einem Rechtsbogen zurück zur „Charlottenhofstraße" führt. Dieser Autostraße müssen wir nun einige 100 Meter bergan folgen. Nachdem wir die Zufahrt zum Jugendhaus St. Alfred passiert haben, sehen wir, daß unser Zeichen X 17 uns nach links in eine Straße weist, an deren Ecke ein großes Hinweisschild auf das Hotel-Restaurant-Café „Waldfrieden" aufmerksam macht. Nach wiederum einigen Metern biegen wir in die nächste Straße nach rechts ab und haben, wenn wir den bewaldeten Hügel überquert haben, die Straße „In der Rose" erreicht. „Waldfrieden" lassen wir rechts liegen, und an der Waldecke geht's mit X 17 nach links.
Seitwärts unseres Weges liegt links dann das Gut Hoheholz, bei dem ein in dieser Gegend wohl einmaliges Naturdenkmal – ein rund 300 Jahre alter Ilexbaum – zu bewundern ist. Es geht weiterhin leicht bergan, und wir kommen an Gut Brahm vorbei. An der folgenden Wegkreuzung verlassen wir X 17 und halten uns links. Unser Weg führt nun an einem

20

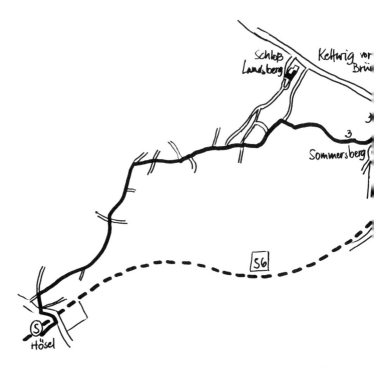

Golfplatz entlang. An der nächsten Gabelung wieder links. Wir gehen jetzt zwischen Golfplatz und Haus Oefte zur „Werdener Straße". Kurz vor und etwas oberhalb der Straße nach rechts und unten halbrechts nach ca. 30 Metern über die Autostraße links in den Zugang zum Uferweg, zuerst

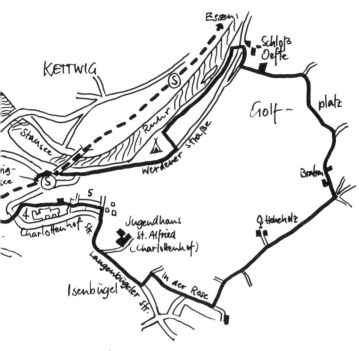

1 Heiligenhauser Straße
2 Ruhrstraße
3 Höseler Weg
4 Fachklinik Rhein-Ruhr
5 Auf der Rötsch

zwischen Schrebergärten und Bachlauf, nach 100 Metern nach links flußabwärts. Vor dem Campingplatz müssen wir wieder auf die Autostraße zurück, auf der wir aber in wenigen Minuten am Stausee entlang den Bahnhof Kettwig-Stausee erreichen (S 6).   (Wanderzeit: 2½–3 Stunden)

21. Weit dehnt sich das Land

Durch Felder und Wälder
ins Schwarzbachtal

Wandern wir diesmal nicht allzu weit von unserer Stadt und fahren mit Bus 746 bis Stübbenhaus. Gleich an der Haltestelle treffen wir auf die Markierung X des Wanderweges 30 (Duisburg–Bensberg), die uns begleiten wird. Dabei erleben wir die fruchtbare Lößlandschaft des Mettmanner Raumes sowie eine Teilpartie eines niederbergischen Baches.
Von der Haltestelle gehen wir 100 Meter zurück und biegen rechts in den „Brennereiweg" ein. Er führt uns zwischen Häusern und Hausgärten durch den Ortsteil Stübbenhaus. Wir halten uns geradeaus, der Weg fällt ab in ein Tälchen, dabei links ein Spielplatz und ein Teich. Leicht bergauf kommen wir zum Melchershof, wo sich ehemals eine Branntweinbrennerei befand. An einer mächtigen Buche geht es vorbei und dann auf einem Fußweg durch weite Ackerfluren.
Unser Weg senkt sich zum Hof Großkirchendelle, wo Schafe und Lämmer gehalten werden. Auf dem nun folgenden Fahrweg, wobei wir eine Weide mit einer Bank darunter passieren, ist bald eine feste Straße, der „Kirchendellerweg" erreicht. Auf ihm geht es allmählich aufwärts in und durch den Ortsteil Hassel. Es ist dies eine in den letzten Jahrzehnten entstandene moderne Ansiedlung, alle Häuser in Grün gebettet. Die „Florastraße" überqueren wir und gelangen zur Kreuzung an der „Hasseler Straße", gegenüber steht der ehemalige Feuerwehrturm. Zu unserem Zeichen X gesellt sich jetzt eine weiße Raute, beide Markierungen weisen rechts, und auf der „Hasseler Straße" kommen wir bald zur Rechtskurve. Hier, am Haus Löffelbeck, gehen wir aller-

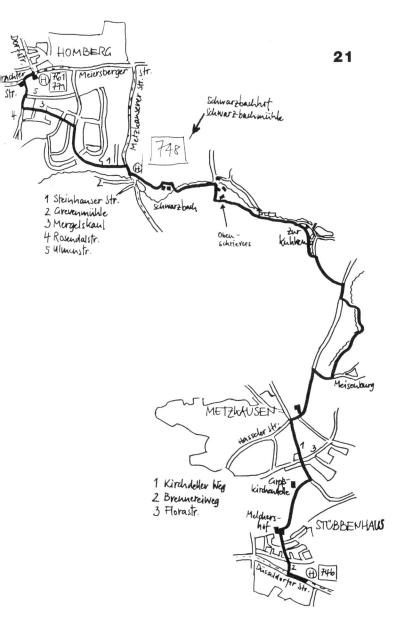

dings geradeaus weiter. Schon sind wir in einer sich weit ausdehnenden Landschaft.
Auf der festen Löffelbeck-Straße bleiben wir etwa zehn Minuten lang. Wenn wir die Hochspannungsmasten, an denen deutlich die Markierung angebracht ist, passiert haben, schwenken wir rechts ab und erreichen den Waldrand. Jedoch nach 100 Metern Trennung von der Raute und mit X wandern wir links über ein Bächlein und in den Wald. Dann geht es auf einem Pfad an Wald- und Feldrand entlang; rechts auf der Höhe eine Pferdekoppel. Ein Fahrweg bringt uns in den Talgrund, wo wir den Bach überschreiten und den Wald verlassen.
Leider ist uns der Talweg verwehrt, statt dessen müssen wir, wenn wir den Holzsteg erreicht haben, diesen benutzen und auf einem steilen Zaunpfad aufwärts wandern. Dabei umgehen wir den Hof Zur Kuhlen. Im Tal unten sehen wir einen Fischteich. Bei der Zufahrt zu diesem Gut sind wir im Tal des Schwarzbachs. Wir benutzen links den Pfad zwischen Wald und Wiesen, bis uns der Wald mit Tannen, Pappeln und Weiden aufnimmt. Im Weitergehen sehen wir rechts im Tal mehrere Fischteiche, aber auch Enten und Gänse.
Wieder ist es ein Zaunweg, der uns im Links- und Rechtsbogen und an einer mächtigen Buche vorbeiführt. Dabei genießen wir die Sicht in die frischgrüne Landschaft ringsum. Oberhalb der Gebäude des nun folgenden Hofes Oben-Schrievers gehen wir bei den Pappeln rechts in den Fahrweg hinein. Vor dem Schwarzbach verlassen wir ihn wieder und nehmen den schönen Pfad oberhalb des Schwarzbachs. Leider ist er nur kurz, schon nach wenigen Minuten überschreiten wir den Bach.
Jetzt sind wir an der einstigen Schwarzbach-Mühle, was die dort liegenden alten Mühlsteine bezeugen. Beachtenswert auch die prächtige Kastanie. Das Gut Schwarzbachhof, wo es Pfauen gibt, umgehen wir nach links und erreichen in we-

nigen Minuten bei der Haltestelle Greven Mühle die „Metzkausener Straße".

Wer jetzt die Wanderung abbrechen will, hat hier Gelegenheit, mit Bus 748 über Mettmann und weiter mit Bus 746 nach Düsseldorf zurückzufahren. Da uns X bisher geführt hat, leitet uns das Zeichen weiter, wenn wir noch einen modernen Ortsteil der früheren Gemeinde Homberg kennenlernen wollen. Dann kreuzen wir die Straße und folgen der „Steinhauser Straße" aufwärts, links im Tal eine Kläranlage, bis zur Straße „Mergelskaul". Auf ihr und auf der „Rosendalstraße" und zuletzt, da wo die „Rosendalstraße" nach rechts in die „Ulmenstraße" übergeht, gehen wir halblinks über einen kurzen Feldweg zur „Brachterstraße". Dort ist rechts die Haltestelle Homberg/Dorfstraße der Buslinien 761 und 771, die nach Ratingen und von dort weiter nach Düsseldorf fahren. (Wanderzeit: 2½ bzw. 3 Stunden)

22. Im Tal des Stinderbachs

Landschaft mit Feldern, Wiesen, Bächen

Mit Bus 746 fahren wir in Richtung Mettmann bis Peckhaus. Von der Haltestelle gehen wir 200 Meter zurück und biegen alsdann links in den „Erkrather Weg" ein. Am Ende bleiben wir geradeaus auf dem Fußweg bis zur Querstraße, hier rechts und gleich links in Richtung Neandertal. In wenigen Minuten erreichen wir einen Parkplatz, wo wir uns an einer Wandertafel informieren können. Wir schwenken rechts ab und folgen nun der Markierung 3, die wir für den größten Teil unserer Wanderung benutzen. So kommen wir zu dem rechts liegenden Gut Nösenberg, ein schönes Gutshaus und davor eine prächtige Trauerweide, deren Baumkrone gekappt wurde.

Die Fahrstraße macht einen Links-, dann einen Rechtsbogen und bald ist das Nösenberger Häuschen, ein gut gelungener Umbau eines alten Landhauses, erreicht. Hier befinden wir uns noch in einer weitläufigen Ackerlandschaft. Nun nähern wir uns dem Wald, wo wir zuerst auf eine Schutzhütte treffen. Dann geht es am Waldrand entlang, zur Rechten ein tiefes Erosionstälchen, in dem der Stinderbach seinen Ursprung hat. Und schon nimmt uns ein schöner Buchenhochwald auf, in dem es allmählich abwärts geht.

Haben wir den Talgrund erreicht, queren wir eine Wiese und nach Überschreiten einer Brücke steigen wir eine Treppe hoch. Sodann kommen wir auf einen Zaunweg und auf ihm in ein zweites Nebental, wo ebenfalls ein Steg über das Wässerchen führt. Jetzt gehen wir rechts im Talgrund weiter, wo sich ein Teich ausbreitet, und treffen wieder auf unsere Wegemarke 3, die uns sicher leitet. Interessant ist die vorletzte Brücke, wo wir – durch eine Mäanderschleife ge-

22a

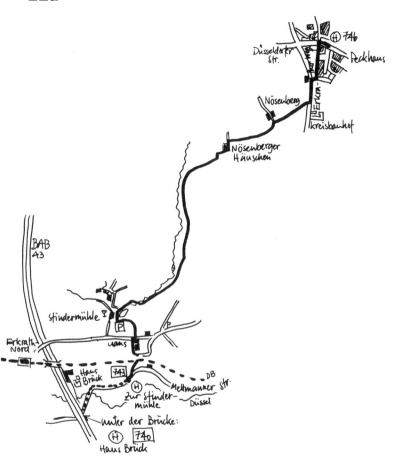

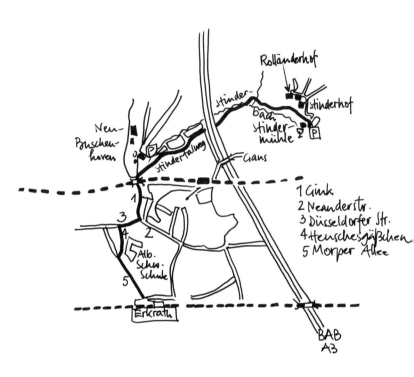

schaffen – auf zehn Metern zweimal den Bach überschreiten.
Bis hierhin sind wir auf der linken Bachseite gewandert. Jetzt führt unser Weg durch die Wiesenfläche im Talgrund. Auf einem Fahrweg kommen wir in wenigen Minuten zur Stindermühle. Ursprünglich eine Mehlmühle, ist sie seit

Jahrzehnten eine von Wanderern beliebte Einkehrstätte.
Jetzt verlassen wir das Tal des Stinderbachs. Aus der Gaststätte gehen wir rechts auf dem Fahrweg aufwärts. Auf dem Höhenzug kreuzen wir die Straße „Gans" und folgen dem Fußweg gegenüber. Es geht unter der Bahnstrecke her und alsdann auf der Straße hinunter ins Tal der Düssel. Dort haben wir Fahrgelegenheit zum S-Bahnhof Erkrath mit Bus 743 von der Haltestelle Zur Stindermühle oder 700 Meter weiter mit Bus 740 von der Endhaltestelle Haus Brück unter der Autobahnbrücke.   (Wanderzeit: 2 Stunden)

Empfehlenswerte Alternative ab Gaststätte Stindermühle: Da die Buslinien 740 und 743 nur jeweils stündlich verkehren: nachstehend der Fußweg ab Stindermühle zum S-Bahnhof Erkrath.
Von der Gaststätte gehen wir links auf dem mit A 1 bezeichneten asphaltierten Weg im Stindertal weiter. An der Brücke über den Stinderbach trennen wir uns von diesem Wegezeichen und folgen geradeaus der Markierung „=". Hinter der Autobahnunterführung kommen wir an zwei Fischteichen vorbei und zum Parkplatz Neu-Buschenhoven. Hier weiter geradeaus und dann links durch die Bahnunterführung. Die Fahrstraße führt nach 250 Metern zur Neanderstraße, wo wir rechts einbiegen und nach 100 Metern – jetzt Düsseldorfer Straße – an der Fußgängerampel bei der Seniorenwohnanlage „Der Rosenhof" die Straße überqueren. Auf dem Weg durch das „Henschesgäßchen" kommen wir über eine Düsselbrücke und zur Morper Allee, wo wir nach links zum S-Bahnhof Erkrath gelangen.

(Wanderzeit zusätzlich: ½ Stunde)

23. Im Tal der Teiche

Von Wülfrath aus am Bach entlang

Diese Wanderung, im Schnee unternommen, war eine Winterwanderung. Sie ist aber auch für den Frühling zu empfehlen. Wir fahren mit Bus 746 bis Wülfrath, Wilhelmshöhe. Von der Haltestelle gehen wir 100 Meter zurück und biegen links in den „Eichenweg" ein, dem wir bis zum „Akazienweg" folgen. Auf ihm links und später rechts in den „Platanenweg", am Ende desselben links in einen Heckenweg, der uns vor den Schulbereich führt. Eine Treppe abwärts und unterhalb der Schule in den weiträumigen Sport- und Spielplatz. Hier unten befindet sich an der Bergwand die von hölzerner Mauer eingerahmte Quelle des Mettmanner Baches, dessen Lauf wir nun folgen.

Wir gehen halblinks zur Straße „Süd-Erbach" und folgen ihr. Dabei sehen wir links in den Wiesen das frische Bächlein in Mäander hinfließen. Bald kommen wir zum Haus Niermann, dann zum Waldrand. Hier geradeaus auf dem Fahrweg, oberhalb der Wiesen an schönem Ilex-Bestand und einem Hochstand vorbei. Eine Straße führt uns nach Büschges. Vor dem Gutshof rechts und nach 50 Metern zur Waldecke, dort links auf schmalem Pfad durch Kiefernwald und anschließend am Feldrand entlang.

Unten im Talgrund ein eingezäunter Teich. So kommen wir nach Brückenhaus. Vor dem Hof rechts, und nach 20 Metern weist ein Fußgängerschild den Weiterweg an, der uns am Feldrand oberhalb des zweiten Teiches dahinführt. Schon nach wenigen Minuten passieren wir den nächsten Teich. An seinem unteren Ende ein kleiner Wasserfall und ein Anglerhaus.

Vor dem Hof Ropertz sehen wir zwar zwei Wegezeichen, die

23

wir aber nicht weiter beachten. Wir kommen zu einem Fahrweg, den wir nach links benutzen. Vor dem Gutshaus gehen wir rechts. Erneut sehen wir den Bach zum Teich gestaut. Der Talgrund verbreitert sich, und auf einem ausgefahrenen Landweg erreichen wir den Hof Gau, ein ansehnliches Landgut.

An der nun folgenden Straßengabelung können wir uns für zwei Wege entscheiden. Bei trockenem Wetter verbleiben wir geradeaus auf einem Hangweg am Feldrand entlang bis zu einer Bank, wo wir den Bach überschreiten und nun auf dem „Hugenhauser Weg" das Tal verlassen. Im anderen Fall gehen wir bei Hof Gau links über den Bach und bei der nächsten Gabelung rechts zum Gut Hugenhaus und ebenfalls auf dem vorgenannten Weg bergauf.
Sind wir auf der Höhe, passieren wir den Sportplatz und haben die „Goldberger Straße" erreicht. Auf ihr gehen wir an der neuen Siedlung vorbei und abwärts bis zum Goldberger Teich und zur Goldberger Mühle, einer ehemaligen Mehlmühle. Nachdem wir sie passiert haben, schwenken wir rechts ab, gehen durch den Wiesengrund und überschreiten den Bach, alsdann links zur Straße „Brückchen", auf der wir den Mittelpunkt von Mettmann erreichen.

(Wanderzeit: 2½ Stunden)

24. Schloß und Wallfahrtskirchen

Ziel ist Schloß Hardenberg

Mit Bus 746 fahren wir bis Tönisheide-Mitte. Von der Haltestelle in der „Nevigeser Straße" gehen wir einige Schritte in Fahrtrichtung und biegen nach rechts in die „Antoniusstraße" ein, der wir bis zur „Kirchstraße" folgen. Auf ihr links und sofort wieder rechts in die Straße „Am Karrenberg" leicht abwärts. Nach dem Haus Nr. 17 verlassen wir die Straße nach links zwischen zwei Häusern hindurch abwärts. Dabei haben wir einen schönen Blick über die Autobahn auf die Waldberge von Neviges. Sowie die Unterführung der Autobahn passiert ist, haben wir den Wald erreicht. Die Zeichen leiten uns vor einer Bank links und weiter talab. Zwei kleine Stege überschreiten wir, dann sind wir im romantischen Kannenbachtal, welches wir jetzt durchwandern. Es geht durch schönen Mischwald, Buchen und Tannen wechseln. Später kommen wir wieder zur rechten Talseite und auf dem breiten Weg geradeaus bis zum Bahnübergang, wo wir die Zeichen verlassen und das vor uns sich erhebende Schloß Hardenberg besuchen. Das Schloß ist als Museum der Stadt Velbert eingerichtet und liegt in einer schönen Grünanlage mit Minigolfplatz.

Wir wandern über die Bahngleise bis zum Waldanfang zurück. Nach links führen uns nun die Wegezeichen X und A 1 zum Kreuzberg und seinen religiösen Stätten. Dann erreichen wir die moderne Wallfahrtskirche. Neviges ist schon seit einigen Jahrhunderten ein beliebter Wallfahrtsort. Die Kirche wurde 1968 von dem Architekten und Baumeister G. Böhm geschaffen. Ihr statten wir einen Besuch ab, schon wegen der beeindruckenden Fenster.

Nachdem wir auch die alte, barocke Wallfahrtskirche (un-

24

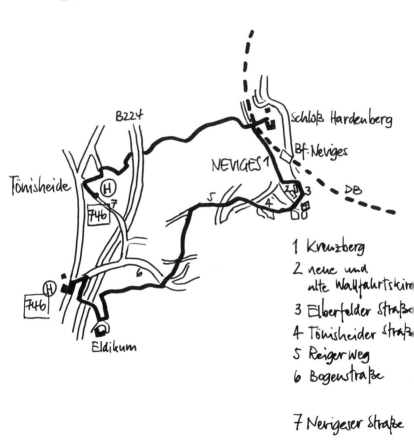

1 Kreuzberg
2 neue und alte Wallfahrtskirche
3 Elberfelder Straße
4 Tönisheider Straße
5 Reiger Weg
6 Bogenstraße

7 Nevigeser Straße

terhalb der neuen) besichtigt haben, gehen wir nach rechts auf der „Elberfelder Straße" in die Altstadt von Neviges mit bemerkenswerten schönen bergischen Häusern. Vor allem lohnen sich die paar Schritte geradeaus auf den Kirchplatz mit der evangelischen Kirche. Durch die „Tönisheider Straße" erreichen wir dann bergwärts später mit Beginn des Waldes den „Reigerweg", dem wir geradeaus folgen. Dann geht es auf dem Parallel- und Trimmweg im Wald fort. Nun Achtung: A 2 weist links in einen Waldweg. An einer Kreuzung gesellen sich A 3 und N zu unserer Markierung. Kurz darauf Trennung von A 2 und jetzt mit A 3 und N weiter.

Eine Straße wird überschritten, dahinter Trennung von N und mit A 3 rechts. Ein Waldpfad führt hinunter in ein reizendes Tal, der Berghang weist reichen Hülsenbestand auf. Das Bächlein im Grund wird überschritten, und jetzt wandern wir bergauf. Bei einer mächtigen Eiche verlassen wir das Waldgebiet und nehmen den Feldweg, der uns zu einer Straße bringt. Auf ihr rechts und bei Gut Eldikum nochmals rechts und über die Bahngleise zur Haltestelle „Weg nach Neviges", wo wir die Wanderung beenden.

(Wanderzeit: 2 Stunden)

25. Weg zur Düsselquelle

Ein Besuch im Niederbergischen Land

Die Stadt Düsseldorf hat ihren Namen von dem kleinen Flüßchen Düssel, das nach seinem Lauf durch die Niederbergische Landschaft hier vom Rhein aufgenommen wird. Wandern wir diesmal zu seiner Quelle.
Mit Bus 746 fahren wir über Wülfrath bis „Auf der Drenk", kurz vor Tönisheide. Von der Haltestelle gehen wir 100 Meter zurück und biegen links in die „Bogenstraße" ein. Auf ihr bis zur starken Linkskurve, wo wir die Straße queren und auf die Markierung N treffen. Dort geht es gleich auf den Pfad, der im Wald steil abwärts führt. Haben wir das Bächlein überschritten, gehen wir wieder bergauf und an einer Obstplantage vorbei. Dabei kommen wir auf die feste Straße „Waldschlößchen" beim Sportzentrum. Bei einer Bank zwei prächtige Ilex-Bäume.
Mit dem Zeichen gehen wir rechts, wobei wir noch die Sicht auf die umliegenden Berghöhen genießen. Vor der Schranke halten wir uns links am Zaun entlang zum Waldrand und dort halblinks den Abhang hinunter ins Tal. Im Grund geradeaus und Achtung: N weist rechts auf einen Pfad und über ein Bächlein. Jetzt geht es in einem Nebentälchen zwischen Wald und Hangwiesen auf einem Grasweg aufwärts. Kurz vor dem Haus Nr. 95 ein Teich mit einer Gänseschar. Wir passieren die Hofschaft Mittelste-Straßerhof auf dem Fahrweg und erreichen alsdann die „Asbrucher Straße", die sich auf dem Höhenrücken hinzieht. Auf ihr mit der Markierung N links, jedoch nur fünf Minuten. Alsdann sehen wir auf der rechten Straßenseite die Hausnummern-Tafel: 92–98. Hier trennen wir uns zum Abstecher nach rechts zur Quelle der Düssel von der Straße. In einer Bergfalte, inmit-

ten landwirtschaftlicher Umgebung, liegen die Häuser von Blomtrath, wie es einst hieß. Jetzt hat es nur einen Straßennamen mit seinen Hausnummern. Vor dem ersten Haus sehen wir das Hinweisschild „Zur Düsselquelle", und nur wenige Schritte nach rechts den Hang hinunter haben wir unser Ziel erreicht. Da ist ein Spielplatz, Sitzgelegenheit, eine Wasserpumpe nebst Kessel und rechts vor dem Berghang befindet sich die „Düsselquelle", ein ausgebautes, mit Kieseln ausgelegtes Wasserbecken.
Unter einer Birke ein Stein mit der Inschrift:
„Hier entspringt die Düssel
Düsseldorfer Jonges e.V.A.D. 1936"
Innerhalb des Wasserbeckens, dieses überragend, ein gewaltiger Stein, auf seinem Scheitelpunkt ein „güldener Knopf", eine Düse, der das Wasser entrinnt – wenn welches vorhanden ist. Durch die Kalksteinbrüche ist die Quelle wasserlos geworden und besitzt keine Verbindung mehr mit der Düssel.
Und eine Bronze-Tafel vermerkt: „Düsselquelle, neugestaltet im Jahre 1986 von der Tischgemeinschaft Blootwoosch Galerie im Heimatverein Düsseldorfer Jonges e.V."
Nach diesem Abstecher gehen wir zurück zur „Asbrucher Straße" und auf ihr rechts bis Klein-Dillenberg. Mit N geht es rechts auf einem Feldweg zum Wald. Dort nehmen wir den mittleren Weg, welcher uns durch das prächtige Waldgebiet Oberdüssel führt. Am Ausgang dieses Waldes haben wir einen schönen Blick auf das im Talwinkel liegende Gut Bölkum. Ein Feldweg bringt uns nun bergab. Durch einen Tunnel erreichen wir das Tal der jungen Düssel, doch wegen einer Brücke der BAB 44 ist nichts von dem noch kleinen Bach zu sehen.
An der Stippelsmühle, erbaut 1774, wie es das ehemalige Mühlenhaus anzeigt, kommen wir zur B 224. Jetzt leitet uns N das letzte Wegstück links bis Koxhof.

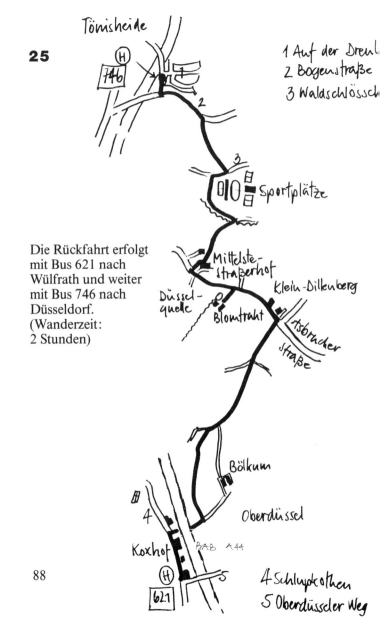

25

1 Auf der Dreul
2 Bogenstraße
3 Waldschlössch

Die Rückfahrt erfolgt mit Bus 621 nach Wülfrath und weiter mit Bus 746 nach Düsseldorf.
(Wanderzeit: 2 Stunden)

4 Schlupkothen
5 Oberdüsseler Weg

26. Auf nach Schöller

Viele interessante Zeugnisse der Vergangenheit

Dieser „Spaziergang" mag zeigen, daß auch auf kurzem Weg manches zu sehen ist, wenn man mit offenen Sinnen wandert. Wir fahren mit Bus 746 bis Mettmann. Dort umsteigen in Bus 745, den wir bis zur Haltestelle Heistersfeld benutzen. Nun gehen wir in Fahrtrichtung etwa 100 Meter, dann biegen wir rechts in die Straße „Am Höfchen" ein und folgen ihr abwärts. Im Talgrund rechts und durch die Wiesen der Düssel. Auf einem Eisensteg wird das Flüßchen überschritten. Den nun erreichten „Schöllerweg" queren wir und steigen die Treppe hoch zu einem Waldrandweg, dem wir parallel der Straße nach rechts folgen. Unterwegs Blick auf ein altes Fachwerkhaus (Nr. 53) mit Pumpe und Karrenrad. Hinter der Sperre kreuzen wir die Straße und verbleiben geradeaus.

Vor dem Einzelhaus Nr. 34 machen wir einen kurzen Abstecher scharf links und aufwärts zum alten Friedhof von Schöller. Es ist eine kleine Waldanlage mit Grabsteinen aus den Jahren 1758, 1770 und 1772. Zwei Gräber von ehemaligen Pfarrern von Schöller stammen aus den Jahren 1809 und 1850. Ein neuer Gedenkstein gilt als Ehrendenkmal für alle Toten des Dorfes.

Zurück zum „Schöllerweg" führt der Weg nun am neuen Friedhof, an einem Kindergarten mit großem Spielplatz und der Feuerwehr vorbei und ins Dorf Schöller hinein. Und wenig später gehen wir durch das Eisentor auf den alten Kirchhof, der sich um die Dorfkirche legt. Bewachsen ist er von Lebensbäumen und Wacholdern und einer mächtigen Kastanie. Wir befinden uns, wie es die vielen alten Grabsteine bezeugen, an der Ruhestätte vieler Anwohner von Schöller. Aufgesucht wird vielfach die Grabstätte der Anna Gertrud Leuchtermanns. J. F. Benzenberg hat der „Dienstmagd" seiner Eltern den Grabstein setzen lassen. Der in ihrem Ursprung aus dem 13. Jahrhundert stammenden Kirche statten wir einen Besuch ab.

Weiter geht es rechts, wobei wir die Gaststätte „Haus Schöller" (Pfannkuchen!) passieren. Alsdann gehen wir rechts und am Parkplatz vorbei und abwärts die Straße „Zur Düssel". Dabei haben wir eine schöne Sicht auf den mächtigen Burgturm des ehemaligen Rittersitzes. An der Kurve nehmen wir den steil abwärts führenden Steig und gelangen zur uralten Mühle, deren Teich aus der Düssel gespeist wird. Wir überschreiten die Düssel und halten uns links und talab. Ein Pfad führt an den Wiesen entlang zum Haus Siepen. Dort verlassen wir das Düsseltal und wandern links am Haus vorbei und anschließend durch die Ackerfluren. Es geht durch die Bahnunterführung und bald ist das Endziel Schöllerheide und die Haltestelle „Kölnische Straße" erreicht. Bis der Bus kommt haben wir Zeit, die unter Naturschutz stehenden gewaltigen Eiben zu betrachten. Die Heimfahrt führt über Mettmann nach Düsseldorf zurück.

(Wanderzeit: 1½ Stunden)

27. Herbstliche Wälder

Eine Wanderung durch das Bergische Land

Wir fahren mit Bahnbus 744 (von Gruiten in Richtung W.-Vohwinkel) bis zum Osterholz, Haltestelle Neu-Amerika. Hier treffen wir auf die Markierung des Wuppertaler Rundweges: W im Kreis. Wir überqueren die Straße, ein Fußweg führt uns zunächst am Feldrand, dann oberhalb eines Tälchens leicht abwärts. Rechts in den Wiesen können wir die Erosionskräfte des kleinen Wässerleins feststellen. Jenseits dehnt sich das Waldgebiet des Osterholz aus. Bei dem Gatter gehen wir geradeaus weiter, erreichen bald bei dem Einzelhaus Jägerhof die nach Schöller führende Straße und benutzen den parallel im Wald verlaufenden Pfad aufwärts. Bei dem nun folgenden Waldparkplatz verlassen wir die Markierung des Rundweges und gehen auf der Straße weiter. Kurz darauf sehen wir den Kirchturm von Schöller, wo eine Einkehrmöglichkeit besteht. Dort schauen wir uns auch einmal die alte Kirche an, um die sich noch der Kirchhof legt. Danach gehen wir zurück, wobei wir als Wegezeichen nun die weiße Raute des Düsseltalweges benutzen. Wir umgehen den einstmaligen Rittersitz und kommen bergab zur alten Mühle mit großem Teich. Dort überschreiten wir die Düssel und wandern nun auf der rechten Talseite weiter. Es geht durch saftige Wiesen und am Hangwald entlang zu dem Einzelhaus Siepen, es folgt das Haus Pellenbruch. Nun queren wir das Tal und überschreiten nochmals unser Flüßchen auf schmalem Pfad. Vor Gut Hermgesberg halten wir uns vor dem Treppensteig rechts und an den Wiesen entlang zum Wald. Nun steilt der Waldpfad hoch, dafür bietet sich – oben angekommen – eine Hütte zu einer Verschnaufpause.

Anschließend führt unser Wanderweg durch eine prächtige Waldpartie, wo sich einst gewaltige Kalkbrüche befanden. Diese Teilstrecke endet bei den Häusern von Pütt, wo an einer Mauerwand eine Bronzeplatte eingelassen ist, die uns ihren Namen ansagt. Nach Überschreiten der Düssel passieren wir den Hof Groß-Düssel, und unter Bäumen versteckt liegt die Düsseler Mühle. Die glatte Straße bringt uns am Flüßchen entlang in den historischen Kern von Gruiten. Bevor wir von hier die Rückfahrt antreten, sollte man sich ein wenig in dem trauten Dorf umsehen, denn es gibt dort wirklich manches zu sehen. Die Rückfahrt erfolgt wieder mit Bus 744.
(Wanderzeit: 2 Stunden)

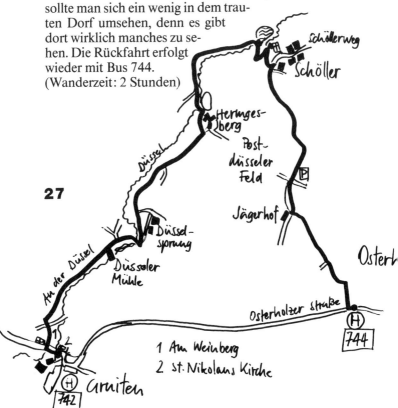

1 Am Weinberg
2 St. Nikolaus Kirche

28. Nur der Vogel sang

Schönes Naturerlebnis im Bergischen Land

Mit S 8 fahren wir bis Millrath. Wir verlassen den Bahnhof in Fahrtrichtung (Parkplatz) und gehen an der linken Seite des Bahndamms auf einem Fußweg wenige 100 Meter, bis wir auf den „Winkelsmühler Weg" treffen. Rechts ist die Unterführung; wir gehen jedoch den Fahrweg links an einem Wanderparkplatz (X) vorbei.

An der ersten Weggabelung (am Schild Naturschutzgebiet) nehmen wir den Weg geradeaus leicht abwärts bis zum Uferweg der Düssel. Hier Trennung von X und rechts entlang der Düssel. Nach kurzer Zeit kommen wir zu einem trotzigen Kalkfelsen mit dem davor liegenden „Kalkofen im Huppertsbracken" (Denkmal).

Weiter geht's auf dem Uferweg, jetzt mit dem Wegezeichen weiße Raute. Beim Ortsschild „Bracken-Schragen" an der Brücke befinden sich rechts drei Steine mit den Jahreszahlen 1645, 1755 und 1810. Letzterer zeigt die Namen W. Thielenhaus und W. Schrath. Links am Uferrand steht eine mächtige Esche. Wir überqueren hier zum ersten Mal die Düssel und sehen vor uns ein hübsches Fachwerkhaus. Unser Weg verläuft weiter nach rechts.

Kurz darauf bitte aufpassen! Das Wegezeichen weiße Raute weist rechts in einen steinigen Pfad. Über einen kleinen Hügel kommen wir abwärts über ein ausgetrocknetes Bachbett und weiter über die Düssel zu einem alleinstehenden Haus (Nr. 12). Hier wenden wir uns nach links, sehen rechts einige Teiche, bleiben geradeaus und überqueren wieder die Düssel.

Hier nun beginnt der reizvollste Teil unserer Tal- und Wald-

wanderung. Einmal haben wir die Düssel rechts, ein andermal zur Linken. Sie windet sich in dem durch Kalksteinbrüche in früheren Jahrzehnten ausgesteinten Tal hin und her.
Wasser, Wald und vereinzelt auch Weiden bieten ein ständig wechselndes Landschaftsbild in diesem stillen, romantischen Tal. Das Rauschen des Wassers und der Gesang der Vögel begleiten uns.
Das Tal weitet sich, und wir erreichen eine feste Brücke auf der linken Seite des Weges. Wir bleiben geradeaus und kommen zum Hof Grund, wo sich auch ein Gestüt befindet. Vor dem Gutshaus wenden wir uns nach links zur „Sinterstraße" und überqueren die Straße.
Rechts der Düssel geht es weiter über eine Spielstraße mit neuen Häusern auf der rechten Seite. Kurz darauf erreichen wir die Heinhauser Schmiede. Danach halten wir uns links und kommen über eine Brücke zum Doktorhaus von 1750.
Wir haben Gruiten erreicht. Unser Weg endet am „Weinbergweg" gegenüber der Kirchtreppe. Es lohnt sich, Gruiten anzusehen. Da haben Geschichtsfreunde dafür gesorgt, daß wir uns über die Vergangenheit von Alt-Gruiten durch viele Hinweistafeln informieren können. Von hier nehmen wir die Rückfahrt wieder mit Bus 742 bis S-Bhf. Gruiten und mit S 8 zurück nach Düsseldorf.
(Wanderzeit: 2 Stunden)

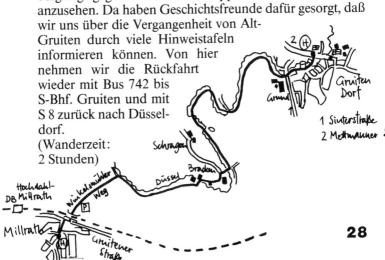

1 Sinterstraße
2 Mettmanner St

29. Durch Felder und Wälder

Vorbei an Gänsen und dem „Neandertaler"

Wir fahren mit Bus 746 bis Mettmann, Haltestelle Stübbenhaus. In Fahrtrichtung treffen wir auf X des Wanderweges Duisburg–Bensberg, welchem wir folgen. Gleich an der „Hubertusstraße" rechts, durch ein in den letzten Jahrzehnten entstandenes Siedlungsgebiet. Diese Straße geht an der folgenden Gabelung in den Düssel-Ring über, auf dem wir bis zu seinem Ende bleiben. Alsdann kommen wir zur „Eidamshauser Straße", die wir nach rechts benutzen.
Diese Straße ist bis zum Südring (Umgehungsstraße) zu gehen. Hier links abbiegen und den Südring entlang bis zur Einfahrt (rechts) zum Nobbenhof gehen. Der Weg führt weiter durch den Nobbenhof zum alten Tunnel. Nach dem Tunnel bergab zum Jägerhof und Hubertus-Kapelle. Wir überqueren die Talstraße und gehen über den neu errichteten Staudamm. Auf der anderen Seite links abbiegen und dem ansteigenden Wanderweg A 2 (und weiße Raute) folgen. Es geht aufwärts und in einem Heckenweg zwischen den Siedlungen Butzberg und Blixberg her zu einem Höhenweg, den wir queren. Ein schmaler Pfad führt uns durch die Feldfluren zum Gut Holz. Nach links umgehen wir den Bauernhof, und schon leitet uns ein steiler Pfad durch den Hangwald und hinunter ins Tal der Düssel.
Wir sind nun am „Wanderklub" und damit im Naturschutzgebiet Neandertal. Der Name besagt nichts mehr, denn die von vielen tausenden Wanderern und Spaziergängern aufgesuchte Gaststätte ist verschwunden, nur der Kinderspielplatz ist übriggeblieben.
Am Haus verlassen wir die Raute, treffen wieder auf X und

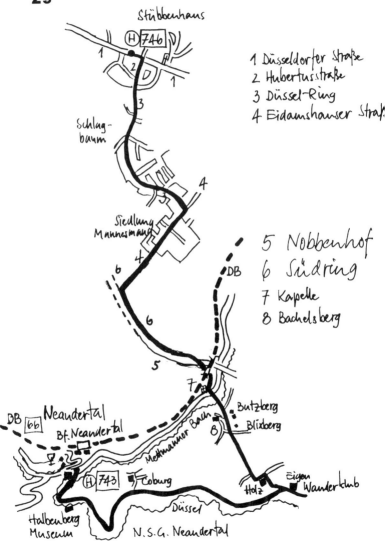

wandern mit diesem Wegezeichen um das Besitztum und am Spielplatz vorbei in den Talwald. Es erübrigt sich hier eine Beschreibung, denn unser Zeichen führt uns auf der rechten Talseite weiter. Im steten Auf und Ab geht es am Wildgehege entlang. Wenn die Markierung über die Düssel weist und wir nicht das nahe Urgeschichtliche Museum – im Dezember und Januar geschlossen – besuchen wollen, bleiben wir auf der rechten Talseite.
Unter dem Butterberg her kommen wir zu einem Waldspielplatz. Dort links und über die Düssel, wo uns der „Neandertaler" empfängt und zur Einkehr in einer nahen Gaststätte einlädt. (Wanderzeit: 2½ Stunden)

30. Niederbergische Täler

Kalkofen, Rehgehege und der Neandertaler

Wir fahren mit der S-Bahn-Linie 8 bis Hochdahl-Millrath. Auf dem Bahnsteig achten wir auf den Hinweis „Ausgang P+R Kalkmühler Weg", gehen dann nach rechts vorbei an der Bushaltestelle und am Bahndamm entlang bis zur Bahnunterführung. Vor der Unterführung links kommen wir zum Parkplatz „Winkelsmühler Weg" und zur Waldecke. Kurz danach biegen wir rechts in den Weg ab, der nahe am Waldrand entlang führt. Zur Linken eine Unterstellhütte, anschließend gehen wir durch einen Hohlweg und durch schönes Waldgebiet hinunter ins Tal der Düssel, das wir bei Bracken erreichen.

Vor der Brücke und Bank schwenken wir links und folgen jetzt dem Wegezeichen weiße Raute. Oberhalb der Düssel wandern wir talab, wobei wir einen „renovierten" alten Kalkofen passieren. So gelangen wir zur Düsselbrücke, wo uns wieder X erwartet; beide Zeichen leiten uns an der ehemaligen Winkelsmühle vorbei. Eine Tafel am Haus beschreibt kurz die Geschichte dieses Hauses, das ehemals als Zehntmühle für die Nachbarschaft galt. Anschließend wandern wir auf schönem Waldweg auf der rechten Talseite weiter. Nach einiger Zeit erreichen wir den „ehemaligen Wanderklub", als gern besuchte Gaststätte über Jahrzehnte bekannt; heute heißt das Haus nur „Diepensiepen". Vor dem Haus verlassen wir X und gehen zur Weiterwanderung halbrechts und gleich links auf dem mit der Raute markierten Waldweg, der uns bergauf bis zum Waldrand führt. Hier eine Treppe hoch und um das Hofgut Holz herum. Wir sehen oben links nach 100 Metern rechts ein Rehgehege und

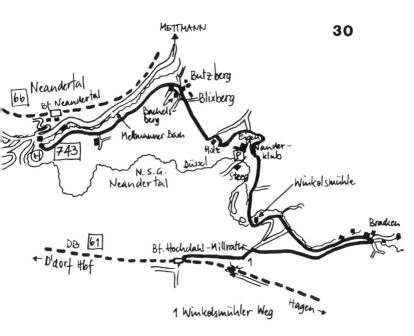

blicken über die weite landwirtschaftlich genutzte Hochfläche. Dieser Pfad endet auf einem Höhenweg, den wir jedoch nur überqueren.

Wir halten uns geradeaus in einem engen Heckenweg, welcher zwischen den Höfen Blixberg und Butzberg zuerst leicht abwärts führt. Am Waldrand oberhalb des Tales des Mettmanner Baches zeigt die Markierung links, wobei uns immer die Raute leitet.

Auf diesem Weg verbleiben wir jetzt, immer auf der linken Talseite bis zu unserem Endziel Neandertal. Dort Einkehrmöglichkeit wie auch Rückfahrt zum S-Bhf. Hochdahl.

(Wanderzeit: 2 Stunden)

31. Wo knorrige Eichen stehen

Hermann Löns und der Hildener Stadtwald

Wir benutzen Bus 782 bis zur Haltestelle Heidekrug. Hier queren wir die Straße, treffen auf die Wegemarkierungen X und H im Kreis (Hildener Rundweg) und folgen der „Lievenstraße", benannt nach Ferdinand Lieven (1839–1902), dem Stifter des Hildener Stadtwaldes. Bald überschreiten wir die Itter und stehen vor Militäranlagen. Hier Trennung von X, auf dem Rundweg und mit A 2 nach rechts an den Anlagen entlang. Dieser Waldwanderweg ist besonders interessant, weil an ihm noch eine Anzahl mächtiger und knorriger Eichen stehen. Links hinter dem Zaun befindet sich sogar ein kleines, jedoch nicht begehbares Naturschutzgebiet. Nach einer halben Stunde öffnet sich der Wald, rechts sehen wir die Häuser von Schönholz.
Einen links vom Jaberg kommenden Weg, mit X markiert, kreuzen wir und verbleiben in bisheriger Richtung. Wir kommen nun zu einem Waldfahrweg und – in einiger Entfernung – an etlichen Häusern vorbei. An der Kreuzung, an der uns A 2 nach links verläßt, bleiben wir geradeaus, bis wir an der nächsten Kreuzung den Hildener Rundweg nach halbrechts verlassen. Die Verlängerung dieses Weges ist der „Hermann-Löns-Weg". Wer eine Pause einlegen will, kann dies im Hotel Engels, dem früheren Haus Sonneck, tun, das wir nach wenigen Minuten erreichen. Wenn der hintere Ausgang geöffnet ist, kürzt man den Zugang zum „Erikaweg" ab (sonst über „Ohligser Straße"). Vor dem Friedhofstor im „Erikaweg" schwenken wir links und an einem offenen Wald entlang, dem Hermann-Löns-Hain. An der Waldecke, mit Blick auf den Sandberg, treffen wir erneut auf den Hildener Rundweg. Es geht abwärts, die „Elberfel-

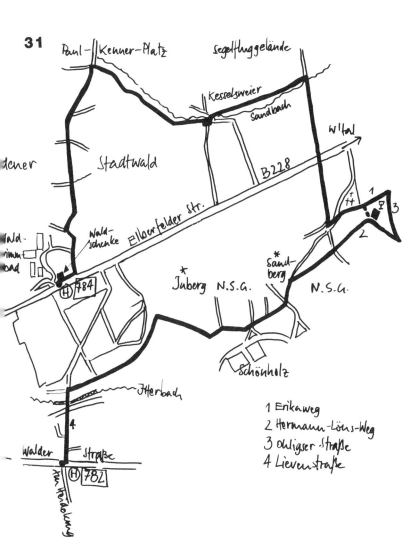

der Straße" wird gequert, auf einem Fußweg geht es weiter. Wenn wir den Sandbach erreichen, biegen wir links ab. Bis in die Nähe von Gut Kesselsweier folgen wir dem Bachlauf und gehen dann über den Bach. Vor den Gebäuden rechts, Kreuzen von A 2 und auf einem Uferpfad oberhalb des Baches dahin. Nach zwei Minuten Treffen mit X 7, das von links kommt und dem wir geradeaus folgen. Auf dieser Strecke sind die Mäander des Sandbaches deutlich zu erkennen.

Die nächste Wegekreuzung nennt sich „Paul-Kenner-Platz" und erinnert an einen Wanderfreund, der während 30 Jahren die Wanderwege um Düsseldorf in wandersicherem Zustand hielt.

Hier verlassen wir X 7 und wechseln auf X 30, A 1 und A 2 über. Sie führen uns sicher durch die Hildener Wälder über den Taubenberg bis zum Ende unserer Wanderung an der „Waldschenke". Von dort können wir mit Bus 784 bis Benrath und weiter mit der Linie 701 nach Düsseldorf heimkehren. (Wanderzeit: 2½ Stunden)

32. Im Hildener Stadtwald

Tafeln erweitern unsere Naturkenntnisse

Wir fahren mit Bus 741 oder 780 bis Erkrath-Kempen, Haltestelle Kemperdick in der „Sandheider Straße". Von dort gehen wir 100 Meter in Fahrtrichtung, dann biegen wir rechts ab in einen Pfad. Wir überschreiten dabei gleich den Mahnerter Bach und queren ein Waldstück. Vor der Hinterfront der Hausreihe gehen wir rechts auf einen Plattenweg zwischen den Häusern hindurch und kommen über den Hühnerbach in einen Buchenhochwald. Hier treffen wir auf X des Wanderweges Düsseldorf–Arnsberg, dem wir nach links folgen. Dabei umgehen wir eine versiegte Quellmulde und erreichen die Autobahnbrücke, die wir benutzen. Dahinter halten wir uns rechts und folgen X.
Jetzt sind wir in den Hildener Wäldern, die durch die Autobahn getrennt wurden. Nach fünf Minuten geht es links und unser Wanderweg ist gleichzeitig ein Naturlehrpfad. Die angebrachten Tafeln erweitern unsere Naturkenntnisse.
An der Unterstellhütte noch geradeaus, kurz darauf mit X rechts und im Linksbogen zum Fischteich. Nun befinden wir uns im Naturschutzgebiet. Auf dem Wasser Enten und schwarze Schwäne. Wir gehen über den Damm und biegen alsdann mit X links ab. Jetzt wandern wir zwischen Teich und Sandbach dahin.
Wir kommen wieder zum Lehrpfad, dort links und nach 20 Metern rechts erreichen wir die schönste Partie unserer Wanderung: Es geht nämlich an den Mäandern des Sandbachs dahin. Unterwegs ein Naturdenkmal, eine Gesteinsverwerfung, eine schräg gestellte Kalkformation. Nachdem wir auf die andere Bachseite gewechselt haben, kommen wir bald zu einer Wegekreuzung, wo die Wanderwege 7 und 30,

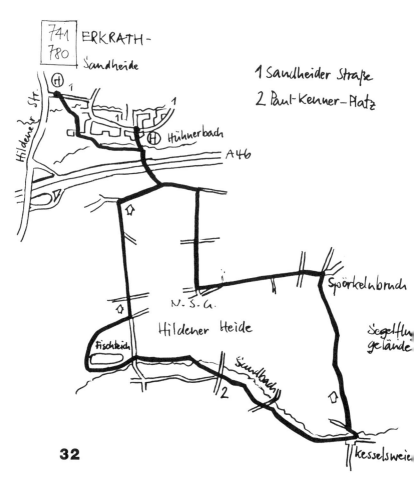

32

beide Markierung X, sich kreuzen.
Wir sind am „Paul-Kenner-Platz". Zur Weiterwanderung queren wir den „Waldweg" und gehen mit X 7 nahe dem

Bach dahin. Nach zehn Minuten, an der Waldecke, Trennung von X und ohne Markierung geradeaus zum Gut Kesselsweier. Dort überschreiten wir wiederum den Bach und wandern mit A 2 nach links, am Segelflug-Gelände entlang. Bänke und Hütten laden zu einer Zwischenrast ein. Dann geht es durch einen Stangenwald, an dessen Waldecke eine mächtige Weide steht. Auf einem Heckenweg, wobei wir den Krebsbach passieren, gelangen wir nach Spörkelnbruch.

Den Fahrweg am Haus Nr. 6 benutzen wir nach links, jetzt wieder dem vertrauten X folgend. Am Gestüt entlang kommen wir erneut in den Wald. Wir verbleiben geradeaus, nach etwa zehn Minuten zweigt X halblinks ab. Wir aber gehen ohne Zeichen geradeaus und treffen bald auf A 3. Mit dieser Markierung geht es rechts und an einer Spielwiese vorbei.

Am Ende dieses Weges, flankiert von einer Eiche und zwei Buchen, schwenken wir links. Nur noch wenige Schritte sind es, und wir stehen vor der Tafel „Lieveneiche". Von hier rechts ein kleiner Abstecher zur Eiche, die unter Naturschutz steht. Sie erhielt ihren Namen nach dem Stifter des Hildener Stadtwaldes, dem Bürger Lieven.

Von der Tafel rechts und auf bekanntem Weg überschreiten wir nochmals die Brücke über der Autobahn. Dahinter bleiben wir geradeaus bis zum Hühnerbach. Jetzt rechts und nach 100 Metern über die Brücke zur „Sandheider Straße", wo wir unsere Wanderung beenden und mit Bus 744 oder 780 von der Haltestelle Gretenbergerstraße nach Düsseldorf zurückfahren. (Wanderzeit: 2½ Stunden)

33. Jaberg und Ittertal

Am Schluß erfreut Schloß Caspersbroich

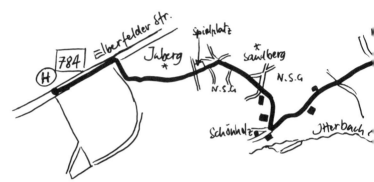

Mit Bus 784 fahren wir ab Benrath bis Hilden, Waldschänke. Von der Haltestelle gehen wir an den Kasernen-Anlagen in Fahrtrichtung bis zum Waldbeginn. Dort biegen wir gleich rechts in einen schönen Pfad ein, der am Fuß des Jabergs verläuft. An der Gabelung gehen wir halbrechts und gelangen zu einem prächtigen Wald-, Spiel- und Sportplatz, an dem wir rechts vorbeigehen. An der Waldecke treffen wir auf die Markierung A 2, der wir nach rechts folgen. Am Wege eine Unterstellhütte. Es folgt ein Sandweg und an der nächsten Gabelung rechts. Einige Meter weiter treffen wir auf den Hildener Rundweg, Zeichen H im Kreis. Beide Zeichen weisen nach rechts. Wir bleiben geradeaus, bis wir im Tal auf das X des Wanderweges 7 Düsseldorf-Arnsberg treffen, dem wir nun nach links zum Reiterhof Boreshaus und nach Pütt mit seinen schmucken Häusern folgen. Die „Ohligser Straße" kreuzen wir und gelangen nach Hülsenberg

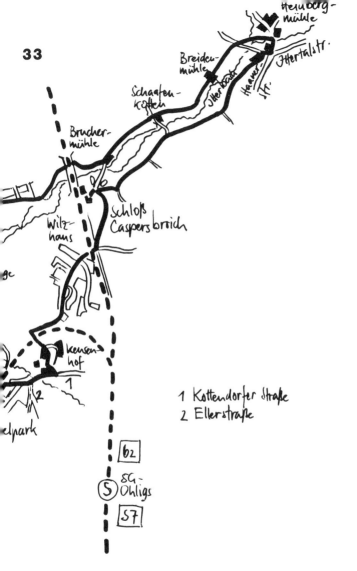

und einer Neusiedlung von Haan. Unter einer Straßenbrücke her kommen wir zum ehemaligen Bruckerkotten, heute ebenfalls ein Reitstall. Jetzt geht es leicht aufwärts und durch den Tunnel der Bundesbahn nach Müllersberg und sofort wieder hinunter ins Ittertal. Bei der Bruchermühle sehen wir das Flüßchen zum erstenmal. Von der Mühle ist nur der Teich geblieben. Weiter führt uns X auf der rechten Talseite durch schöne Randwälder zunächst zum Schaafenkotten und dann zur Breidenmühle, beide in Wohnhäuser umgebaut. Wir queren die „Ittertalstraße" und sind an der Heidberger Mühle, einem bekannten Ausflugslokal.

Wir verlassen das Ittertal noch nicht, sondern wandern nun auf der anderen Talseite zurück. Von der Gaststätte gehen wir links und queren nochmals die „Ittertalstraße". Auf der Gegenseite nehmen wir den „Steinweg" geradeaus nach Unten-Itter. Am Haus Nr. 9 treffen wir nun auf den „Klingenpfad", Zeichen S im Kreis, dem wir folgen. Gleich nimmt uns der Wald auf, und auf einem Hangweg wandern wir nun talab. Rechts sehen wir wieder die Breidenmühle und den Schaafenkotten. Später geht es durch prächtigen Buchenhochwald und dann steil ab. Den Baverter Bach überschreiten wir, passieren eine Reihe knorriger Eichen und dann stehen wir vor den Toren von Schloß Caspersbroich. Eine Tafel soll uns aufklären, doch ist sie nicht mehr lesbar.

Die einst wasserumschlossene Burg ließ 1474 der märkische Ritter Caspar von Pertzdorf errichten. Die heutigen Gebäude, Eigentumswohnungen, entstammen späterer Zeit. Vor dem Schloß nehmen wir die Straße, die uns aufwärts zum Bahnübergang bringt. Wir überschreiten die Bahn und wandern an Wilzhaus vorbei auf dem „Wilzhauser Weg" bis Keusenhof, wo wir über die Bahn gehen. Am Haus Nr. 9 rechts durch die alte Ortschaft zur „Kottendorfer Straße" und rechts zum Bahnhof Solingen-Vogelpark.

(Wanderzeit: 2^{1}/$_{2}$ Stunden)

34. Ein Schloß im Ittertal

„S" im Kreis bezeichnet den Solinger Rundweg

Mit der S-Bahn 7 fahren wir bis Solingen, Vogelpark. In Fahrtrichtung verlassen wir die Station und gehen links unter der Bahnbrücke her. Dahinter rechts und an einer Autowerkstatt vorbei, treffen wir bei einer Fußgängertafel auf die Markierung des Klingenpfades, des Solinger Rundweges, Zeichen S im Kreis. Diesem Wegezeichen folgen wir nun.
Es geht in den Talgrund des Lochbaches hinunter und jenseits vor der Kläranlage rechts durch einen Hohlweg wieder bergauf. Auf der Höhe halten wir uns rechts und biegen sofort wieder links in den „Wilzhauser Weg" hinein, einen Höhenweg, der parallel zur Bahnstrecke verläuft. Unterwegs hübsche, in Gärten gelegene, moderne Häuser.
Dann kommen wir an der rechts von unserem Weg gelegenen Hofschaft Maubes vorbei. Kurz darauf passieren wir die zwischen Obstbäumen versteckte Ortschaft Wilzhaus. So kommen wir zur Bahnstrecke der DB-Linie 62 Solingen-Ohligs/Unna, die wir überschreiten.
Nach links wandern wir auf einer prächtigen Allee hinunter in das Tal der Itter und erreichen den alten Adelssitz Schloß Caspersbroich.
Vor dem Tor wenden wir uns rechts in eine Allee mit mächtigen Eichen und Platanen. Zur Linken ein Teich der ehemaligen Bruchermühle, die auf der rechten Talseite liegt. Es geht über den Baverter Bach und an der Gabelung nach links. Wir erwandern auf dem „Klingenpfad" einen herrlichen Waldhangweg auf der linken Talseite der Itter. Im steten leichten Bergauf und Bergab sehen wir durch die Bäume Schaafenkotten und Breidenmühle, beide auch längst außer

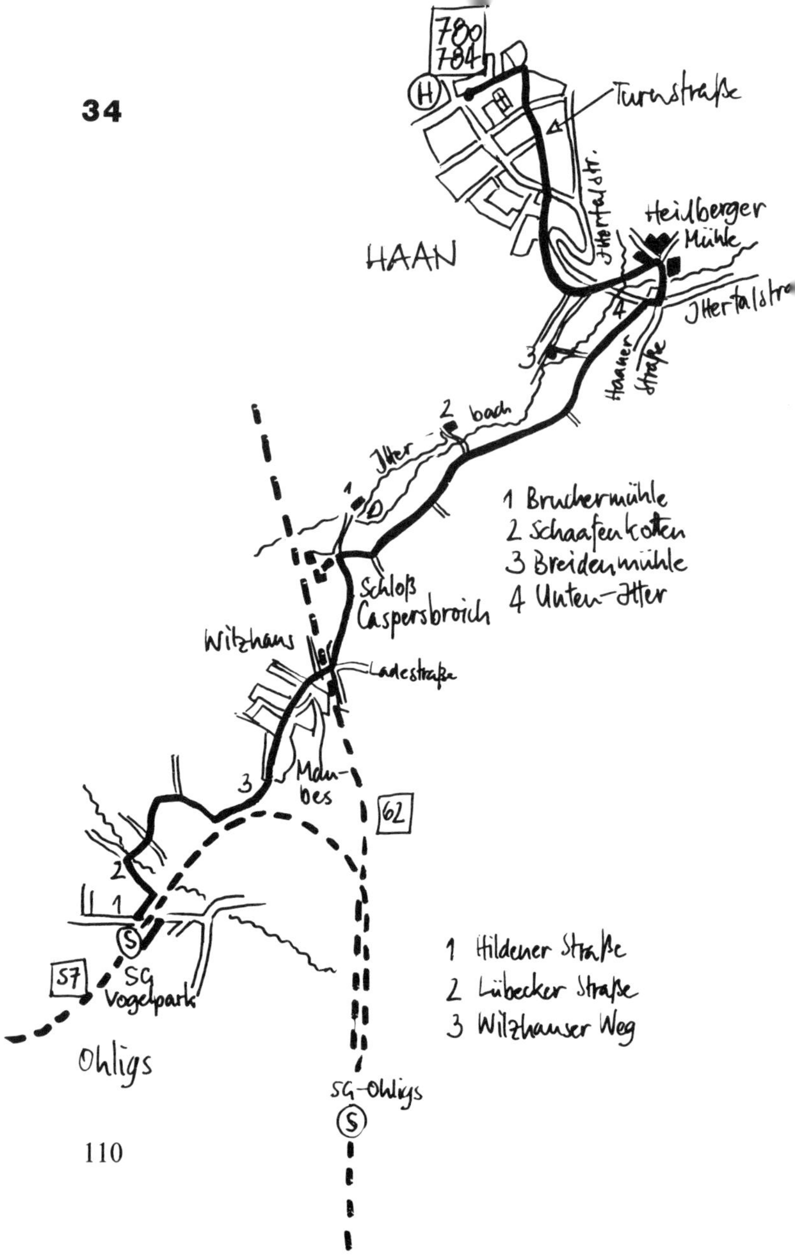

34

HAAN

Turnstraße
Heidberger Mühle
Jhertalstr.
Haaner Straße
Jhertalstraße

1 Bruchermühle
2 Schaafenkoten
3 Breidenmühle
4 Unter-Jtter

Jtter
bach
Schloß Caspersbroich
Witzhaus
Ladestraße
Maubes
62

1 Hildener Straße
2 Lübecker Straße
3 Wilzhauser Weg

SG Vogelpark
S7
Ohligs

SG-Ohligs

110

Betrieb. So erreichen wir ohne Langeweile die Ortschaft Unten-Itter. Hier geradeaus und alsdann rechts und über die Straßenkreuzung, dort links zur Heidberger Mühle. Diese Mühle ist heute eine bekannte Gaststätte. Hier verlassen wir den „Klingenpfad" und gehen nun ein kurzes Wegstück talab zurück und am Reitstall entlang bis zur „Ittertalstraße". Diese Straße queren wir, biegen aber sofort rechts in den breiten Fußweg ein, der uns in allmählicher Steigung durch den Hangwald bis zur „Turnstraße" führt. Geradeaus auf dieser Straße kommen wir am Turnerhaus, nach Turnvater Jahn benannt, vorbei zum Stadtkern von Haan.

Dort finden wir links am Markt Rückfahrgelegenheit mit Bus 780 nach Düsseldorf oder Bus 784 nach Benrath.

(Wanderzeit: 2 Stunden)

35. Beispiel „Fauna" und Kloster

Was findet man im Ittertal?

Diese Wanderung führt durch den oberen Teil des Tales der Itter, wobei uns zwei Höhepunkte geboten werden: der Besuch der „Fauna" und der historische Marktplatz von Gräfrath.
Die Anfahrt erfolgt mit der Bundesbahn bis Wuppertal-Vohwinkel. Aus dem Bahnhof geht es links durch die Unterführung und anschließend rechts unter der Schwebebahn her zur Haltestelle von O-Bus 683 gegenüber dem Schwebebahnhof. Nun fahren wir bis zur Kluse, gleichzeitig Tarifgrenze. Von der Haltestelle gehen wir 100 Meter in Fahrtrichtung, dann biegen wir links in die schöne Birkenallee „Haus Grünewald" ein. Im Talgrund rechts befindet sich im Waldesdunkel die Quelle der Itter.
Vor dem Landsitz Haus Grünewald, wo sich auch ein Gestüt befindet, schwenken wir links ab. Unterwegs eine mächtige Platane. Nun kommen wir zur „Lützowstraße", die „Alte Kohlenstraße", auf der einst die Kohlen aus dem Ruhrgebiet in die Industriestädte Remscheid und Solingen transportiert wurden.
Wir treffen hier auf die Markierung X des Hauptwanderweges Düsseldorf–Arnsberg, der wir nach rechts folgen. Unterwegs schöne Ausblicke in das Burgholz und nach Cronenberg. So gelangen wir bei einem Einzelhaus links zum Straßenschild Schieten und gegenüber haben wir unser erstes Ziel, den Tierpark „Fauna".
Die „Fauna", kein Einheimischer spricht von „Tierpark", ist eine in schönem Waldgebiet auf privater Basis entstandene Anlage. Jedem Wanderer kann ein Besuch empfohlen werden. Er wird erstaunt

35

1 Endpunkt 60 Schwebebahn Vohwinkel
2 Gräfrather Straße
3 Vohwinkeler Straße
4 Lützowstraße
5 Klosterhof
6 Stiftsgasse
7 Oberhaaner Straße
8 Blumentalweg

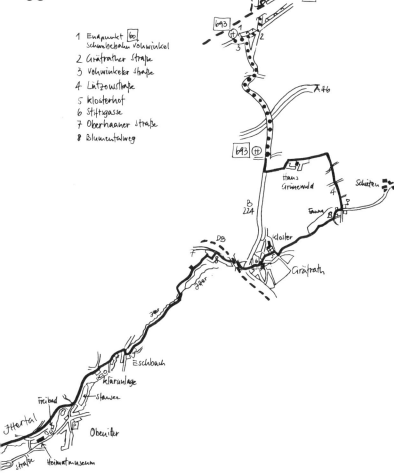

sein, was dieser von Behörden unabhängige Tierpark zu bieten hat. Um nur kurz anzudeuten: Es befinden sich dort 166 Arten mit über 800 Tieren.

Am Pförtnerhaus trifft X mit dem Klingenpfad, dem Rundweg um Solingen, Zeichen S im Kreis, zusammen und beide Markierungen leiten uns jetzt gemeinsamm auf der gesamten weiteren Wanderung. Es geht nach rechts am Wald und an der „Fauna" leicht abwärts. So gelangen wir nach wenigen Minuten zu dem rechts im Wald versteckten Ehrenmal für die im Ersten Weltkrieg Gefallenen. Weiterhin rechts am Wege eine steingefaßte Quelle.

Der schöne Waldweg endet an einem Teich. Damit verlassen wir den Wald, gehen rechts und biegen alsdann links in den Klosterhof ein. Damit haben wir Gräfrath erreicht. Zur Linken das Herz-Jesu-Stift, rechts die ehemalige Kloster-, jetzt Stadtkirche nebst den Klostergebäuden, letztere werden demnächst ein neuer Teil des Klingenmuseums. Dann stehen wir vor der hohen Treppe und gehen diese hinunter zum Marktplatz, schiefer- und fachwerkverzierter Mittelpunkt der früheren Stadt. Inmitten der steinerne Marktbrunnen, bescheiden die evangelische Kirche, aber insgesamt ein Idyll.

Wir queren den Platz und schon weisen die beiden Markierungen rechts in die „Stiftsgasse". Am Ende der engen Gasse kreuzen wir die „Wuppertaler Straße" zum Mühlenteich, der wir bis zur „Oberhaaner Straße" folgen. Nun geht es durch den Tunnel und hinter Haus Nr. 43 schwenken wir links in den „Blumentalweg" ein. An hübschen Landhäusern vorbei erreichen wir hinter dem Einzelhaus Blumental das Tal der Itter und überschreiten das Flüßchen. Es folgt nunmehr ein reizender Hangweg auf der linken Talseite. Mal sehen wir eine alte dreistämmige Weide, ein andermal eine Kamel-Buche. Im Schauen vergeht die Zeit und wir kommen nach Eschbach (Einkehr). Auch hier sind es die Zeichen X und S im Kreis, die uns nach rechts die Straße queren lassen. Da kommen wir schon zur Bausmühle und alsdann zum Zieleskotten, einem Fachwerkbau von 1780. Nach 100 Metern verlassen wir die Straße und auf dem Weg durch die Hangwälder geht es dahin. Zur Linken ein langgestreckter Teich. Dann kommen wir in den Bereich von Oben-Itter, das jedoch außerhalb des Blickfelds bleibt. Schon wandern wir am Ittertaler Volksgarten vorbei, wo Kahnfahren möglich und ein Märchengarten vorhanden ist. Daran schließt sich das Strandbad an. Sogar an einer gefaßten Quelle kommen wir vorbei, wo sich die Einheimischen das Kaffeewasser holen. Links im Talgrund liegt der Bastianskotten. Und nun ist es nicht mehr weit, bis wir die bekannte Heidberger Mühle (Einkehrmöglichkeit) erreichen. Von dort besteht Fahrgelegenheit nach Haan und weiter nach Düsseldorf. (Wanderzeit: 3 Stunden)

36. Wupperberge, Wupperwald

Wanderziel Zoo/Hedwigweg und Selmaweg

Wir fahren mit der Bundesbahn nach Wuppertal-Vohwinkel und benutzen ab Schwebebahnhof Bus 683 (Richtung Solingen) bis Kluse. Von der Haltestelle gehen wir in Fahrtrichtung und biegen nach zwei Minuten links in die Straße „Haus Grünewald", eine Birkenallee, ein. Vor dem Tor zu Haus Grünewald dreht der Weg halblinks. In dem anschließenden Waldpark befindet sich die Quelle der Itter. Wir erreichen die „Lützowstraße", die „Alte Kohlenstraße".
Die Straßen kreuzen wir und treffen auf mehrere Wanderwegmarkierungen, wobei wir uns X 7 merken, denn diesem Zeichen folgen wir den größten Teil unserer Wanderung. Bald nimmt uns der Wald auf. Es ist der alte Klosterwald des ehemaligen Klosters Gräfrath. Von jetzt an haben wir öfters Gelegenheit, mächtige Buchen und Eichen zu sehen.
Es geht an Haus Linde vorbei; in dem ehemaligen Kinderheim zur Linken befindet sich jetzt eine technische Akademie. Dann wird der Weg schmäler, links sehen wir die Reste von Boltenheide. Alsdann geht es steil abwärts und in einen kurzen Hohlweg. Kurz darauf, bei reichem Ilex-Bestand links, kommen wir auf eine Freifläche vor dem Haus Steeger Eiche. Dort rechts, es folgt eine kurze Partie zwischen den Zäunen durch die Wiese. Danach nimmt uns der Wald wieder auf und bald kommen wir auf einen Hangweg oberhalb der Wupper. Wir benutzen ihn nach rechts und erreichen den Fluß. Vor der Brücke verlassen wir den Wald und sind in Buchenhofen. Von der Ortschaft sind nur wenige Häuser vorhanden, in der Talsohle befindet sich eine riesige Kläranlage. Wir überschreiten die Brücke und gehen rechts talauf,

jedoch nach wenigen Minuten zeigt X scharf links und bergauf, dabei Blick zurück in das Tal der Wupper. Alsdann benutzen wir die Brücke über einen Autobahnzubringer. Dahinter links und leicht abwärts. Bei den Lebensbäumen schwenken wir rechts ab auf einen steigenden Pfad, der uns wieder zum Waldrand führt. Hier mögen wir eine Rast einlegen und die Sicht ins Tal der Wupper genießen. Nun sind es nur wenige Minuten und wir erreichen bei einem Aussichtspunkt die „Kastanienallee", welcher wir rechts aufwärts folgen. Dann durchwandern wir eine neue Siedlung von Wuppertal. Unser Zeichen leitet uns unter der Burgholzbahn her. Wir kommen zur Waldesruh und zur Bundesbahnschule Boltenberg. Kurz darauf erreichen wir den „Hedwigweg". Doch bevor wir in den Wald eintreten, schauen wir uns Tal und Stadt Wuppertal an.

Kurz darauf: Achtung! Die Markierung führt rechts, wir aber bleiben auf dem „Hedwigweg". Am Weg eine gewaltige Buche. Wenig später stehen wir vor den Häusern von Königshöhe. Rechts an der Weggabelung stehen zwei Unterstellhütten.

Hier treffen wir erneut auf X 7, jedoch auch auf X 29, mit letzterem schwenken wir links in den abwärts führenden Waldweg. Seitwärts des Pfades steht der „Echo-Stein" aus dem Jahr 1883. Später geht es rechts und hier lesen wir auf einem Stein: „Selma-Weg". Jetzt verlassen wir den Wald und folgen diesem Weg an hübschen Landhäusern vorbei bis zum Bahnübergang. Dort trennen wir uns von der Markierung, bleiben der „Selma" treu und gehen abwärts bis zum Wuppertaler Zoo. (Wanderzeit: 2½ Stunden)

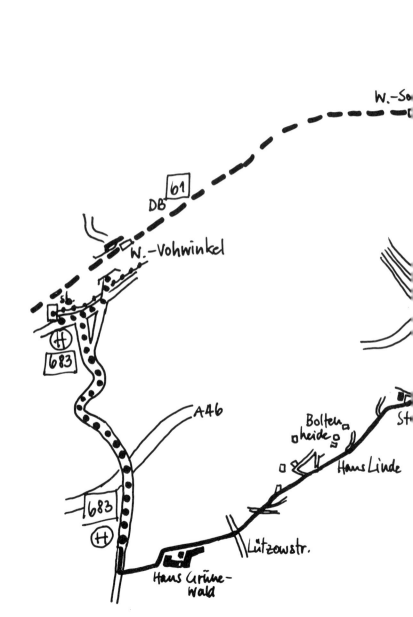

36

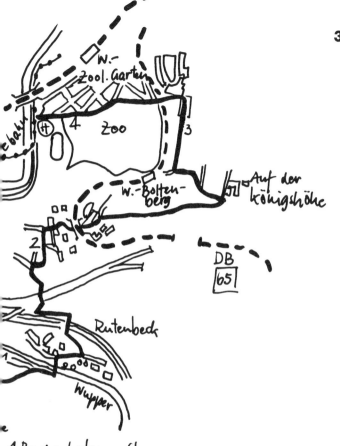

1 Buchenhofener Str.
2 Zur Waldesruh
3 Selmaweg
4 Hubertusallee

37. Bei Sonnenschein Libellen

Durch Solinger Wälder zum Engelsberger Hof

Heute erwandern wir die an der Hildener Heide angrenzenden Waldungen der Stadt Solingen. Mit Bus 781 fahren wir ab Hauptbahnhof bis Hilden, Siedlung Erika. Von der Endhaltestelle gehen wir in Fahrtrichtung auf dem „Lehmkuhler Weg", dabei den „Erika-Weg" kreuzend. Wenn wir den Waldrand erreichen, treffen wir auf Wanderweg X 19 und den Rundweg um Langenfeld, Zeichen Posthorn. Beide Markierungen weisen geradeaus in den Wald, wobei dieser Teil noch zum Hildener Bereich gehört.
Wir kommen an einem Reithof vorbei. An der Wegkreuzung mit zwei Bänken gehen wir geradeaus und verbleiben parallel zu einem Reitweg. An der folgenden Gabelung Trennung von X und halblinks weiter. Es geht durch eine schöne Waldpartie. Am Ende derselben kommen wir zu einer Schranke. Dort geht es links auf einen Fahrweg im Rechtsbogen über die Autobahn, damit haben wir die Solinger Wälder erreicht. Wir kommen an einem Feuchtgebiet vorbei und nach fünf Minuten zu einer Hütte an einer Wegekreuzung. Dort Treffen mit dem Klingenpfad, Zeichen S im Kreis; jetzt links bis zu einer Umzäunung, hinter der sich eine Halle befindet. Damit verlassen wir wieder den Klingenpfad und betreten die Freizeitanlagen beim Engelsberger Hof. Für Kinder bietet sich hier ein reiches Betätigungsfeld. Mit Wegezeichen wandern wir rechts am Spielplatz entlang. Im Rechtsbogen kommen wir zu den zwei Brücken zwischen den Teichen, die wir passieren. Bei der Kreuzung geradeaus passieren wir einen kleinen Spielplatz. Gleich ist der Engelsberger Hof erreicht, welcher Gelegenheit zur Einkehr bietet.

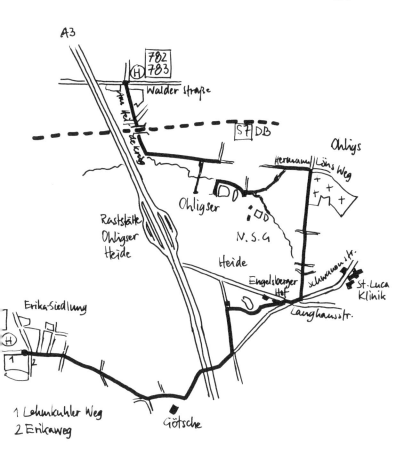

Weiter wandernd kreuzen wir die „Langhansstraße" in die „Schwanenstraße", wobei wir erneut auf X treffen, dem wir jetzt folgen. Es weist links in einen bergauf führenden Waldpfad, später jedoch wieder bergab. Von der Unterstellhütte an geht es schnurgerade durch wechselndes Waldgebiet. Zur Linken sehen wir ein Feuchtgebiet, kenntlich am hohen Schilf. Dieser Teil des Waldes besteht zumeist aus Kiefern und Birken, zur Rechten dehnt sich ein Friedhof aus.

Wir gehen weiter geradeaus bis zum „Hermann-Löns-Weg", in den wir nach links einbiegen. Vor Haus Kovelenberg weist X halblinks wieder in den Wald. Links seitwärts liegt das Heidebad. Wir kommen zum Schwanenteich. Bei Sonnenschein sind vielleicht Libellen zu sehen.

Am Auslauf des Teiches gehen wir rechts in eine Schneise, die teilweise eine Birkenallee darstellt. Nach wenigen Minuten biegen wir rechts ab und erreichen wiederum den „Hermann-Löns-Weg". Auf diesem Weg wandern wir bis zu seinem Ende mit X und sodann rechts unter der Bahnstrecke her zum Heidekrug, wo wir die Wanderung beenden. Von hier besteht Fahrgelegenheit nach Benrath und Düsseldorf. (Wanderzeit: 2 Stunden)

38. Zu Burg und Talsperre

Frühlingswanderung im Bergischen Land

Mit der S-Bahn fahren wir nach Solingen-Ohligs. Von dort benutzen wir vor dem Bahnhof Bus 681, der uns nach Hästen bringt. Von der Endhaltestelle gehen wir vor der Linkskurve geradeaus. Auf einer steil abwärts führenden Straße durchwandern wir nun die Ortschaft. Dann bleiben wir für 100 Meter auf der „Pfaffenberger Straße". Vor der Gaststätte Feldmann biegen wir in den rechtsführenden Weg ein, der uns in die Wälder des Pfaffenbergs bringt. Links im Wald liegt das Naturfreunde-Haus.
Nun treffen wir auf A 2 und steigen später mit N auf einem alten Fahrweg ins Tal der Wupper hinunter. Zu Glüder erreichen wir die Wupper, die wir überschreiten.
Von jetzt an vertrauen wir uns der Markierung des Klingenpfades, Zeichen S im Kreis, an. Gleich hinter der Brücke geht es links und nach 50 Metern rechts in einen Pfad, der uns zunächst durch eine Tal-Aue und alsdann in ein Tälchen führt. Auf diesem Pfad erreichen wir den „Schmitz-Lenders-Weg", der uns in allmählicher Steigung aufwärts bringt. Später geht es links und danach an der Gabelung halblinks und bald stehen wir auf der Sperrmauer der Sengbach- oder Solinger Talsperre. Sie versorgt die Stadt Solingen mit Trinkwasser.
Zum Weitermarsch gehen wir einige Schritte zurück und bleiben, indem wir links abbiegen, auf dem Klingenpfad. Auch weiterhin verläuft unser Wanderweg durch die Bergwälder oberhalb der Sperre. Immer wieder werden uns neue Ausblicke beschert. Auf halber Höhe, an einer Feldecke, biegen wir links ab und folgen dem breiten Waldfahrweg in ein Nebental. Unser Weg senkt sich, und wir gelangen bei

der Autobahnbrücke ins Brucher Bachtal. Nun verlassen wir den Klingenpfad und wandern talauf nach Bruchermühle.
Für die weitere Wanderung benutzen wir die Markierung X. Wir gehen zurück, und kurz vor der bereits bekannten Brücke verlassen wir den Talweg und begehen einen Hangweg, der unter der Brücke weiterführt.
Später senkt sich dieser Weg, und auf einem Fahrweg geht es weiter, der anfänglich oberhalb eines Seitenarmes der Sperre verläuft. Dabei sehen wir einen Staudamm mit „Wasserhäuschen". Danach geht es in diesem Seitental weiter und wird bald nach links gequert. Der Weg wird zur asphaltierten Straße, die aufwärts und aus dem Wald hinausführt. Dann sind wir bei den Häusern von Höhrath.
Auf der Höhenstraße geht es rechts weiter, aber nur 100 Meter. Achtung: wir folgen links dem X des Wanderweges 29 und erreichen den Wald und ein Tälchen. Auf dem Fußweg kommen wir in den Hangwald und steil abwärts bis zum Weißen Stein oberhalb der Wupper. Dort rechts und auf dem hohen Uferweg und unter der Sesselbahn her ist in einer Viertelstunde das Endziel Burg an der Wupper erreicht. Die Rückfahrt erfolgt von hier mit Bus 683 und ab Solingen Bus 681 nach Ohligs und dort mit der S-Bahn nach Düsseldorf zurück. (Wanderzeit: 4 Stunden)

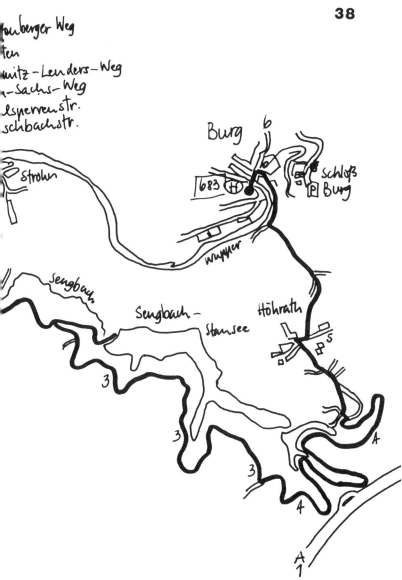

39. Zur Sengbach-Talsperre

Wanderung im Bergischen Land bei Solingen

Die Hinfahrt erfolgt mit der Bundesbahn bis Solingen-Schaberg. Vor dem Bahnhof treffen wir auf das Wegezeichen X, dem wir nach rechts folgen. Es geht an der Gaststätte vorbei in den Hangwald der Wupperberge, später rechts und bald stehen wir unter der Müngstener Brücke, einem Jahrhundertbauwerk. Ihre Fahrbahn liegt 107 Meter über dem Wasserspiegel der Wupper. Haben wir sie passiert, trennen wir uns nach zwei Minuten von X und nehmen den Weg halbrechts und bergauf, wobei uns jetzt „–" (weißer Strich) führt. Bald liegt der Wald hinter uns und es geht durch Felder und Wiesen weiter an einem Sportplatz vorbei. Wir kommen zur „Schaberger Straße" und gleich nach Krahenhöhe. Dort auf der „Burger Straße" links bis zum „Bertramsmühler Weg", welcher nach rechts abzweigt. Er führt durch schönes Waldgebiet hinunter bis zur Bertramsmühle. Die ehemalige Mehlmühle ist hervorragend restauriert, ein Beispiel bergischer Fachwerkbauweise.

Unser Weg führt weiter talab. Unterwegs Trennung vom weißen Strich und weiterhin oberhalb des Baches ins Tal der Wupper. Wir überschreiten die beiden Brücken, rechts liegt das Tierheim zu Strohn. Wir bleiben geradeaus, queren die „Talstraße" und schon geht es erneut in den Wald und bergauf. Bei der Gabelung auf halber Höhe treffen wir auf X des Wanderweges Düsseldorf–Dillenburg. Dieser Markierung folgen wir halbrechts und nun wieder abwärts. Schon nach wenigen Minuten haben wir die Sengbach-Talsperre erreicht. Diese Talsperre ist in Anlehnung an die Remscheider oder Eschbach-Talsperre angelegt worden. Nach kurzer Be-

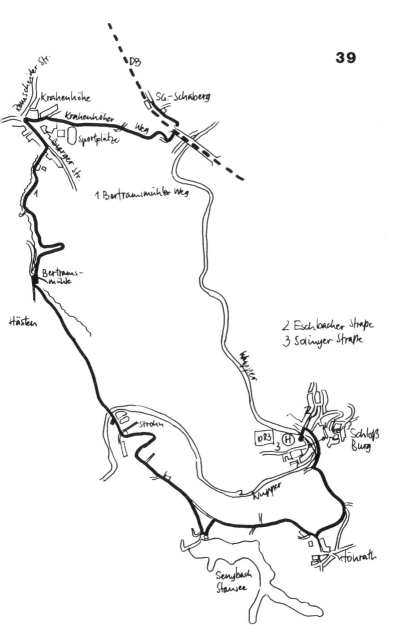

trachtung oder Begehung der Sperrmauer wandern wir mit X scharf links wieder bergauf. Auf dem Waldfahrweg auf der Höhe rechts in Richtung Höhrath. Von dieser Ortschaft benutzen wir die feste Straße nur kurz geradeaus. Sodann biegen wir links in einen Pfad ab, das Zeichen leitet uns in ein hübsches Tälchen und hinunter. Wir kommen zum Weißen Stein, wo das Bächlein in die Wupper mündet. Hier schwenken wir nach rechts ab und begehen den Steilpfad, der oberhalb der Wupper nach Burg führt.
Den Aufstieg nach Schloß Burg ersparen wir uns diesmal. Einkehrmöglichkeit besteht genügend. Die Rückfahrt erfolgt mit Bus 683 nach Solingen und mit der Bundesbahn nach Düsseldorf. (Wanderzeit: 3 Stunden)

Müngstener Brücke

40. Gepflegtes Fachwerk

Auf dem Klingenpfad ins Wuppertal

Wir fahren mit der S-Bahn bis Solingen-Ohligs. Aus dem Bahnhof gehen wir links und mit der Bahnstrecke parallel. Vor der katholischen Kirche kreuzen wir die „Hackhauser Straße" und wandern auf dem „Ammerweg" weiterhin an der Bahn entlang, leicht abwärts. Dabei kommen wir am Friedhof vorbei und überschreiten den Viehbach. Am „Bussche-Kessel-Weg" verbleiben wir geradeaus. Es geht an hübsch gelegenen Landhäusern und Gärten vorbei. Am Buchweizenberg treffen wir auf den „Klingenpfad", den Rundweg um Solingen, Zeichen S im Kreis. Dieser Markierung folgen wir für die nächste Zeit. Kurz darauf überschreiten wir nach links die Bahnbrücke und gehen dahinter gleich wieder rechts und, immer parallel zu den Bahngleisen, bis zum „Erikaweg". Nun weist uns das Zeichen links durch ein Waldstück, wo wir zum Freibad Kesselsweiher kommen. Hier Achtung: es geht an den Gebäuden über den Parkplatz und halbrechts in den Wald in einen schmalen Pfad. Der Pfad dreht sich links bergauf und wir gelangen auf der Höhe zur „Landwehrstraße", der wir rechts und abwärts folgen. Dabei haben wir einen schönen Blick in die Rheinebene.

Beim Reithof schwenken wir links ab und treffen bald auf den Rundweg um Leichlingen, Zeichen L. Beide Markierungen verlaufen gemeinsam am Hang entlang zur „Opladener Straße". Diese überqueren wir nach links und verbleiben weiterhin in einem schönen Waldgebiet. Schon geht es allmählich bergauf. An der Gabelung mitten im Wald halten wir uns halbrechts, kommen nun zum „Oelbergweg", den wir nach links benutzen. Kurz darauf stehen wir an einer Straßenkreuzung und folgen nun der Straße „Eickenberg"

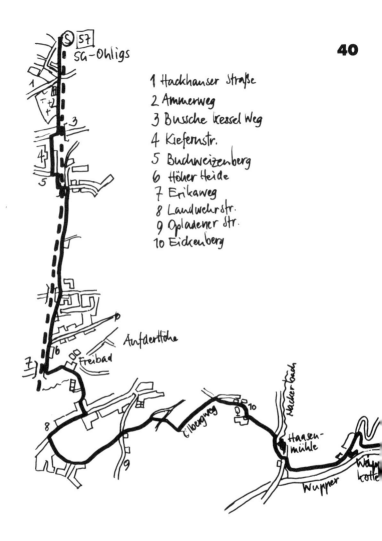

nach rechts.
Beim Austritt aus dem Wald erreichen wir das frühere Gut Eickenberg, jetzt in Privatbesitz. Ungeachtet können wir die gewaltige Eßkastanie, die wir hier sehen, nicht lassen. Der Baum ist etwa 150 Jahre alt, zwei gekappte Linden leisten der Kastanie Gesellschaft.
Ein Zaunpfad führt uns in den Wald und weiter talabwärts ins Tal des Nacker Baches. Dort über die Straße nach rechts und durch die freundlich-bergische Ortschaft Haasenmühle. Beachtenswert sind hier die hübschen gepflegten Fachwerkhäuser. Wir überschreiten den Bach und wenden uns rechts

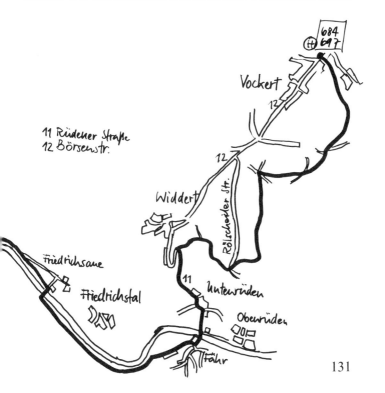

zur festen Straße. Jenseits befindet sich die Gaststätte Haasenmühle, damit sind wir im Tal der Wupper. Wir benutzen die Straße nach links, jedoch nach wenigen Schritten weist ein Schild auf den Fußweg oberhalb der Straße hin, den wir auch benutzen. Die bekannte Gaststätte „Wipperaue" ist wieder geöffnet. Unsere Markierung leitet uns immer noch geradeaus und dann in einen Pfad zum Wipperkotten.
Der Wipperkotten ist der letzte Doppelkotten an der Wupper, in dem über 300 Jahre die Solinger Klingen bearbeitet wurden. Er dient heute in einem Teil als Atelierhaus und Museum, in dem Außenkotten werden auch heute noch die Klingen mit Wasserkraft geschliffen. Eine Besichtigung des Kottens ist eine Bereicherung der Wanderung.
Beim Weitergehen im Tal der Wupper kommen wir am rauschenden Wehr vorbei. Alsdann trennen wir uns vom „Klingenpfad" und gehen zunächst auf dem Wiesenpfad neben der Wupper talauf. Anschließend folgen wir der Talstraße, bis wir rechts zu der an der Wupper gelegenen Friedrichsaue, einer Gaststätte, abbiegen. Hier überschreiten wir die Wupper und gehen auf dem linken Flußufer weiter, dabei dient uns als Bezeichnung ein X, das wir bis Fähr benutzen; wiederum eine bekannte Gaststätte.
Es geht wieder über die Wupper und wir gelangen nach Unten-Rüden, ebenfalls eine alte Ortschaft mit gepflegten Fachwerkhäusern. Wir queren den Ort und wandern auf der Fahrstraße aufwärts bis zur großen Linkskurve. Dort erreichen wir wieder den „Klingenpfad", in den wir rechts einbiegen – ein großartig an den Berghängen entlangführender Weg. In Vockert besteht dann Fahrgelegenheit nach Solingen und weiter nach Düsseldorf. (Wanderzeit: 4 Stunden)